象棋实战丛书

炮战新法与印象布局

傅宝胜 编著

时代出版传媒股份有限公司

安徽科学技术出版社

图书在版编目(CIP)数据

炮战新法与印象布局 / 傅宝胜编著. --合肥:安徽科
学技术出版社,2019.1
(象棋实战丛书)
ISBN 978-7-5337-7462-2

Ⅰ.①炮… Ⅱ.①傅… Ⅲ.①中国象棋-布局(棋类
运动) Ⅳ.①G891.2

中国版本图书馆 CIP 数据核字(2018)第 000293 号

炮战新法与印象布局   傅宝胜　编著

出　版　人:丁凌云　　选题策划:倪颖生　　责任编辑:倪颖生　王爱菊
责任校对:戚革惠　　责任印制:廖小青　　封面设计:吕宜昌
出版发行:时代出版传媒股份有限公司　http://www.press-mart.com
　　　　　安徽科学技术出版社　　　　　http://www.ahstp.net
　　　　　(合肥市政务文化新区翡翠路 1118 号出版传媒广场,邮编:230071)
　　　　　电话:(0551)63533330
印　　　制:三河市人民印务有限公司　　　电话:(0316)3650588
(如发现印装质量问题,影响阅读,请与印刷厂商联系调换)

开本:710×1010　1/16　　　印张:10.75　　　　字数:193 千
版次:2019 年 1 月第 1 版　　　2019 年 1 月第 1 次印刷

ISBN 978-7-5337-7462-2　　　　　　　　　　定价:20.50 元

前　言

　　象棋对弈中炮战的布局历史悠久,尤其是顺炮局,早在明清古谱《橘中秘》《梅花谱》等书中就有记载,堪称古典布局之精华。炮类布局经现代棋手推陈出新,已成为比赛中最常用的布局类型。列炮布局分为大列手、小列手及近代发展出的左炮封车转列炮、三步虎转列炮等 4 种类型,近代棋手多以机动性强的半途列炮付诸实战。

　　炮战布局的特点是变化复杂、针对性强、火药味浓、对攻激烈,因而深受攻击型棋手喜爱。

　　本书上卷"布局新变"收集遴选了象棋特级大师、大师比较典型的顺炮、小列手炮、半途列炮等对阵开局法,对其阵势的变化加以评析,每局附有小结,分析优劣得失,选择较佳作战方案,提供给读者研究、参考,使读者掌握其中的变化规律。下卷"印象布局",精选了众多高手擅长的布局 41 例,供读者欣赏、借鉴。这些创新的布局战法,堪称完美之作,给人留下难以忘怀的印象,相信能对读者在开局战法上有所启迪。

　　书中不妥之处,希望读者指正。

作者于古寿春

目 录

上 卷 布局新变

下　卷　印象布局

上卷 布 局 新 变

第一章 顺炮和列炮新战法

顺炮和列炮分别为顺手炮和列手炮的简称。列手炮亦称"逆手炮"。顺、列炮同称为"斗炮局"。

斗炮局在战略上针锋相对,皆以快攻速决制胜为主旨,是对攻性极强的布局,战斗紧张激烈,火药味十足,因此,深受攻击型棋手喜爱。随着布局理论的深入发展,20 世纪 70 年代以后的各类全国性大赛中,出现了很多新的攻防变化,如"顺炮直车对缓开车""中炮对左炮封车转半途列炮"等,均是创新的布局战法,大大充实了这一布局的攻防内容。

第一节 顺炮横车对直车

第 1 局 黑左士正马 红三兵双横车战法

1. 炮二平五 炮 8 平 5   **2.** 车一进一 ……

抢出横车,将布局纳入红方喜爱的轨道,同时确定了双方今后发展的方向,是一种策略性走法。

2. ……   马 8 进 7   **3.** 马二进三 车 9 平 8

4. 车一平六 车 8 进 4

至此,形成了常见的顺炮横车对直车的布阵。黑此手高车巡河系改进后的下法,以前多走马 2 进 3 或士 6 进 5,效果欠佳。随着布局理论的深入发展,这手棋为众多高手认可,已成为此局面下的"官子"下法。

5. 马八进七 ……

跳正马,尽快出动大子,着法稳正,如走车六进七,则显冒进。

5.……　　　　士6进5

先补左士,是一种改进的应法。旨在补厚中路,同时右马暂不定位,待机而动。若立即走马2进3(见下局),将遭到红方车六进五或炮八进二的迅速攻击。此手讲究策略,下法可嘉。

6. 兵三进一　　……

红进三兵静待战机,如走炮八平九,马2进1,车九平八,车1平2,黑方也可满意。

6.……　　　　马2进3

黑跳正马加强中路的防守,符合现代布局理论。老式应着是马2进1,红则马三进四,车8平6,车六进三,卒1进1,兵七进一! 马1进2,车六进一,车6平4,马四进六,炮2进5,炮五平八,红优。

7. 车九进一(图1-1-1)　　……

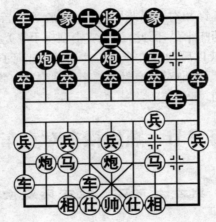

图1-1-1

红双横车蓄势待发。如改走车六进五,则炮5平6,车六平七,象3进5,兵五进一,车1平3,红方难讨便宜。

如图1-1-1形势,黑方主要有(1)炮2平1、(2)卒3进1两种应法,分述如下:

(1)炮2平1——全国第3届体育大会象棋比赛广东陈丽淳对云南赵冠芳局例:

7.……　　　　炮2平1

黑方平炮亮车,意在牵制红方左翼子力,思路明确,应着积极。另有卒3进1的走法,见下局。

8. 炮八进四 ……

进炮封压,好棋!拓展空间,限制黑右车参战。

8. …… 车 1 平 2 **9. 车九平八 车 8 平 6**

黑平车护肋,防止红马三进四的出击,正着。如急于卒 7 进 1 邀兑,则兵三进一,车 8 平 7,马三进四,车 2 进 2(车 7 平 6,车六平三! 红优),兵七进一,红方得势。

10. 车八进三 ……

另有车六进三的下法,变化也很丰富,试演如下:车六进三,炮 5 平 6,仕四进五,象 3 进 5,马三进四,炮 6 进 3,炮五平四,车 6 平 5,车六平四,卒 7 进 1,炮八进二,红方占优。

10. …… 卒 1 进 1

进边卒构思精巧,伏卒 1 进 1,再马 3 进 1 攻车的棋,很有针对性。

11. 兵七进一 ……

不如改走车六平八,强化对黑方右翼的封锁,还能解除黑方卒 1 进 1 的反击。

11. …… 卒 7 进 1

进 7 卒与上手棋相矛盾,有疑问。应考虑走卒 1 进 1,兵九进一,马 3 进 1,车八退三,炮 1 进 3,黑方能够满意。

12. 兵三进一 车 6 平 7 13. 马三进四 马 3 进 1

14. 车八退一 卒 1 进 1 15. 兵九进一 车 7 平 6

若黑第 11 回合走卒 1 进 1,争到炮 1 进 3,则红方的右马将得到控制。现红马奔袭,黑落下风。

16. 马四进六 炮 5 平 4 17. 车六平四 ……

绝妙!一个兑车闪击,顿使黑方陷入困境。黑不能车 6 平 4 吃马,否则红炮八平五,马 7 进 5,车八进六得车,红大优。

17. …… 车 6 进 4 **18. 炮八平五 马 7 进 5**

19. 炮五进四 士 5 进 6 20. 车八进六 车 6 退 4

21. 马六进五 士 6 退 5 22. 马五退三 炮 4 平 5

23. 马三进五 马 1 退 3 24. 马五进七 将 5 平 6

25. 炮五退二

红方多子胜定。

(2)卒 3 进 1(接图 1-1-1)

7. …… 卒 3 进 1

进卒活马,静观其变,乃黑方的主要应着之一。

8. 炮八进四 ……

左炮过河,细微之处见功夫,好棋! 以下黑方有①马3进2、②卒7进1、③炮5平6三种应法,分述如下:

①马3进2——全国象棋个人赛女子组广东陈丽淳对黑龙江郭莉萍局例:

8. ……　　　马3进2

跳外肋马是特级大师郭莉萍所创的新招。

9. 马三进四　　马2进3　　10. 炮八平七 ……

平炮打马看似好棋,却遭到黑方的强烈反击。

10. ……　　　车8平6　　11. 车六进三　　卒3进1

先平车捉马后冲3卒,次序井然,战术完美。

12. 炮五平四 ……

奇怪! 为何不走车六平七吃卒呢? 因为黑可接走马3进5,相三进五,炮2平3,红有失子之忧。

12. ……　　　卒3平4　　13. 炮四进三　　卒4平5!

14. 车九平八　　炮2平4　　15. 马四退三 ……

退马无奈。如走兵五进一,炮5进3,红方难以忍受空头炮的折磨。

15. ……　　　象3进1　　16. 炮四平七　　前卒进1

17. 车八进五 ……

红若错走前炮退三,前卒平4,马七退五,卒4平3,黑优。

17. ……　　　前卒平6　　18. 相三进五　　马3退5

回马金枪,踩炮兼挂角,一箭双雕。

19. 马七进六　　炮4进2!

黑进炮组织中路进攻,挂角叫将时机未到。

20. 仕六进五　　炮4平5　　21. 马三退二　　后炮平4

22. 后炮退四　　卒6进1　　23. 前炮退四　　马5进4

24. 后炮平六　　卒6平5　　25. 炮七平五　　车1平3

黑车开出叫杀,大优,结果胜。

②卒7进1——"威凯房地产杯"全国象棋排名赛云南赵冠芳对四川蒋全胜局例:

8. ……　　　卒7进1　　9. 兵三进一　　车8平7

10. 马三进二　　车7进1

黑如改走车7平8,车六进三,马3进2,车九平三,也是红方先手。

11. 马二进一　马7进6　**12.** 车六平三　车7进3

13. 车九平三　象7进9　**14.** 炮五平二　……

红方卸中炮,侧袭黑方底线,待黑方平炮拦挡后,乘机调整阵势,是灵活机动的走法。

14. ……　　　炮5平8　**15.** 车三进三　炮2平1

16. 炮八退五　车1平2　**17.** 炮八平一　马6退8

18. 车三进二　炮8进5　**19.** 车三平二　炮8平6

20. 马一退二　炮6退7　**21.** 相三进五　象9退7

22. 马七退五　……

红马以退为进,从右翼盘出,走得灵活、得法。

22. ……　　　士5进6　**23.** 马五进三　士4进5

24. 车二平三　象3进5　**25.** 车三退二　炮1进4

26. 马二进三　车2进6　**27.** 炮一平二　车2平3

28. 前马进四　……

进马胁象,攻击黑方左翼底线,选点准确。

28. ……　　　炮1平5　**29.** 马三进五　车3平5

30. 炮二进六　……

红方先进炮攻击黑方中象,然后,再进车吃黑底象,弈来秩序井然,黑方顿感难以应付,结果落败。

③炮5平6——第6届"嘉周杯"中国象棋特级大师冠军赛女子组云南赵冠芳对江苏张国凤局例:

8. ……　　　炮5平6

卸中炮调整阵形,虽比较稳健,但速度过于缓慢。

9. 炮八平三　……

在本届比赛上,黑龙江王琳娜对阵赵冠芳时也走到同一盘面,红方选择的是车六平二,车8平6,车九平六,卒7进1,兵三进一,车6平7,马三进二,车7平8,马二退三,车8进4,车六平二,卒1进1,马三进二,车1进3,炮八退五,车1平4,炮八平三,车4进1。黑右车及时奔赴前沿,双马活跃,对比之下,红方形势不容乐观。

9. ……　　　象7进5　**10.** 车九平八　车1平2

11. 车八进三　车8平6　**12.** 兵七进一　炮2平1

黑方争取兑子消耗战术,在稍差的局面下,策略可取。

13. 车八进五　马3退2　**14.** 马七进六　车6退1

15. 兵三进一　卒 3 进 1　　16. 马六进五　炮 6 退 2

17. 马三进二　炮 1 进 4　　18. 兵三平四　……

弃兵争先,步入稍优盘面。

18. ……　　　　炮 6 进 4　　19. 车六进四　炮 6 进 4

20. 车六平四　车 6 进 1　　21. 马二进四　马 7 进 5

22. 炮五进四

至此,黑方多卒,红方占势,结果红胜。

【小结】　此布局战法,(1)变黑平边炮,从实战看,红方取得满意的效果。当然黑方有需要改进的地方,例如第 11 回合。总的说来,应对得当,双方有一番争斗。值得提及的是,红方第 10 回合改车八进三为车六进三肋车巡河,将是准确的选位,可持先手。(2)变卒 3 进 1 是黑方主要的应着,所列①变例,黑棋精彩漂亮的反击战术耐人寻味,值得关注;②变例,红方徐图进取,黑方难以反扑;③变例,黑卸中炮调整阵形,虽较稳健,但速度缓慢,残棋阶段难下。

第 2 局　正马对垒　红左炮巡河

1. 炮二平五　炮 8 平 5　　2. 车一进一　马 8 进 7

3. 马二进三　车 9 平 8　　4. 车一平六　车 8 进 4

5. 马八进七　马 2 进 3

黑方亦跳正马,加速右翼大子出动,也是针锋相对的应着。

6. 炮八进二(图 1 - 2 - 1)　……

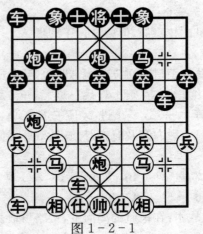

图 1 - 2 - 1

红左炮巡河,利于攻马争先,有力之着,是目前流行的一种攻法。

如图1-2-1形势,黑方主要有(1)卒3进1、(2)炮2进2两种应法,分述如下:

(1)卒3进1

6.……　　　　　卒3进1

挺卒活马是顺其自然的应法,如改走炮2进2与红方巡河炮形影相随,也很有对抗性,见下例。

7.车六进五　　士4进5

补士巩固中路,并为右马留退路,稳健。黑如改走象3进1,则炮八平五!马3进4,前炮进三,象7进5,车九平八,炮2进3,车八进七,车1平3,兵五进一!士6进5,兵五进一,马4进3,车六退三,车8平5,马七进五,车5平8,仕六进五!红优。

8.炮八平三　　……

平炮打马是此布局的一步"飞刀"!过去多走车六平七,则马3退4,兵三进一,象3进1,炮八进二,红方略优。

8.……　　　　马3进4　　9.车九平八　　炮2平3(图1-2-2)

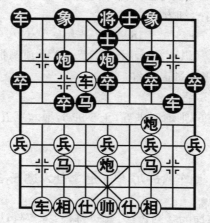

图1-2-2

如图1-2-2形势,红方主要有(甲)车六平五、(乙)车八进四两种攻法,分述如下:

(甲)车六平五

10.车六平五　　……

红方平车杀中卒,新招!是河北象棋大师阎文清的新尝试。以往走车八进

四,见下例。至此,黑方以下有①卒7进1、②马4进6两种变着,分述如下:

①卒7进1——"城大建材杯"全国象棋大师冠军赛第2轮河北阎文清对广东朱琮思局例:

10. ……　　　卒7进1

黑如改走马4进6,演变下去,红方多兵,且伏"闪击"手段,见下例。

11. 炮三平九　象3进1　　12. 车五平九　炮3进4

黑在重压之下,挥炮打兵,失算。不如改走车1平4,虽居落后,但好于实战。

13. 兵三进一　……

红方献兵,针锋相对,是扩先取势之佳着。

13. ……　　　马7进6

黑方跃马对攻,当然不能走卒7进1,否则车九平三,红方得子大占优势。

14. 车九平三　车1平4　　15. 兵三进一　马6进4

黑如逃车,则兵三平四,红方得子胜势。

16. 兵三平二　前马进3　　17. 炮九平三　……

平炮打象叫闷,顿挫有致,漂亮的一手。如误走车八进二,则马4进5,仕六进五,炮3进3,黑方反扑,红方难应。

17. ……　　　象7进9　　**18. 炮三平六　……**

红炮游弋,左右逢源,堪称"沿河十八打"。这手顶马捉车,是化解黑方反击之势的巧妙之着,顿使黑方进退维谷。

18. ……　　　炮5平4

黑方如改走马4进6,则炮五进五,士5进6,炮六平五,马6退5,仕六进五,红方胜定。

19. 炮六进三　马3进2

黑如改走车4进2,则车八进九,象1退3,仕六进五,红亦胜定。

20. 炮六平二

黑方不敌红方车双炮的猛烈攻势,颓势难挽,遂停钟认负。

②马4进6

10. ……　　　马4进6

跃马过河捉车,改进之着。

11. 车五平四　马6进5　　12. 相七进五　卒7进1

13. 炮三平五(图1-2-3) ……

红平炮镇中,当然之着。至如图1-2-3形势,黑方又出现了(a)车8进2、

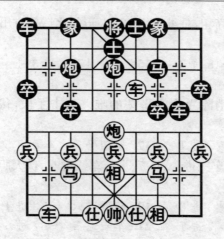

图 1 - 2 - 3

(b)卒 3 进 1 两种新变,分述如下:

(a)车 8 进 2——"启新高尔夫杯"全国象棋甲级联赛第 7 轮四川吴贵临对北京张强局例:

13.…… 　　　　　车 8 进 2

黑进车兵林线,伏吃兵捉马。如改走车 8 进 3,则马三退五,马 7 进 8,车四平二,车 8 进 1,马五退七,马 8 进 7,车二退五,马 7 进 8,仕六进五,象 3 进 1,车八进六,车 1 平 4,双方对峙。选自"城大建材杯"全国象棋大师冠军赛上海谢靖对重庆洪智的实战。

14. 车四平三 　　炮 3 平 4

如改走车 8 平 7,则车八进七捉炮,红优。

15. 车八进八 　　……

车进下二路,暗伏炮五平九打车得子的手段,着法凶悍!

15.……	车 8 平 7	**16. 马三退五**	卒 3 进 1
17. 兵七进一	将 5 平 4	**18. 兵七进一**	卒 1 进 1
19. 兵七进一	炮 5 平 6	**20. 车八退三**	马 7 退 9
21. 车三平一	马 9 进 7	**22. 车一平三**	马 7 退 9
23. 兵七平六	炮 4 退 1		

至此,黑车晚出,红方多兵占势,结果胜。

(b)卒 3 进 1——赛事同上。第 8 轮湖北柳大华对湖南谢业枧局例(接图1-2-3):

13.…… 　　　　　卒 3 进 1

黑弃3卒引红飞高相，是继图1-2-3形势之后黑方出现的第三种变着，效果如何？拭目以待。

14. 相五进七　车8进3　　**15.** 马七退五　炮3进4

16. 兵三进一!……

红弃三兵好棋！消除黑炮3平7的唯一反击手段，伏车四平三压马控制局面。

16. ……　　卒7进1　　**17.** 车四平三　车8退5

如改走卒7进1，车三进一，卒7进1，车八进八，伏大胆穿心杀势，黑方难以应付。

18. 车八进三　炮3进2　　**19.** 马五进六　炮3进1
20. 仕六进五　卒7进1　　**21.** 车三退三　马7进5
22. 车三进六　炮5进3　　**23.** 兵五进一

黑虽兑掉红方中炮，但丢象少卒，红方取得优势，结果胜。

（乙）**车八进四**——"交通建设杯"全国象棋大师冠军赛女子组第5轮河北张婷婷对火车头刚秋英局例（接图1-2-2）：

10. 车八进四

红左车巡河老式走法，不及车六平五凶狠。

10. ……　　马4进3　　**11.** 炮三进三　马3进5
12. 炮三平七　马5进7　　**13.** 帅五进一　炮5平8
14. 帅五平六　炮8平4　　**15.** 帅六平五　卒3进1
16. 车八平七　车1平2

黑方弃3卒好棋，施调虎离山之计，右车得以顺利开出助战，如虎添翼。

17. 马七进八　炮4平8　　**18.** 帅五平六　车2进4

19. 炮七平六　……

红方应走仕六进五，炮8平4，仕五进六，车8进3，炮七退一，车8平7，炮七平五，将5平4，仕四进五（如车七进五，黑则将4进1，仕四进五，车2进1，炮五平一，象7进9，红方无棋），象3进1（如象3进5，则车七进三，红方胜势），炮五退二，车7退1，炮五平六，将4平5，炮六进三，士5进4，车六进一，象1进3，车七平五，象3退5，车六平九，红优。

19. ……　　象3进1　　**20.** 炮六进一　车8平3
21. 车七进一　车2平3　　**22.** 炮六平九　车3进4
23. 帅六进一　车3退3

黑胜。

(2)炮2进2——"城大建材杯"全国象棋大师冠军赛女子组第3轮北京常婉华对火车头韩冰局例(接图1-2-1)：

6.…… 　　炮2进2

黑方以右炮巡河应对红左炮巡河,招法针锋相对。

7. 炮八平七　车1进2

红方如改走炮八平三捉马,则黑炮2平7,也可与红对抗。

8. 车九平八　车1平2

黑应改走炮2平7捉马,较为积极。

9. 兵三进一　炮2平3　10. 车八进七　炮5平2

11. 车六进五　……

红方进车卒林线似不如走马三进四,下伏马四进六捉马,更易推动攻击的展开。

11.……　　象3进5　12. 炮五平四　……

卸中炮调整阵形徐图进取。如改走车六平七,则炮3进2,车七平八,车8平2,红无便宜。

12.……　　士4进5　13. 相七进五　炮3进2

14. 马三进四　卒3进1　15. 炮七进三　炮3退4

16. 马七进六　炮2进7　17. 仕六进五　卒3进1

18. 相五进七　车8平2

黑方弃卒通车,争取对攻,姿态积极。

19. 马四进六　卒5进1　20. 炮四平五　炮3进2

21. 后马进四　马7退9　22. 兵五进一　车2进1

黑如改走炮2平1(如卒5进1,炮五进五,象7进5,马四进五,红攻势强大),则仕五进六,车2进5,帅五进一,车2平6(如车2退1,帅五退一,车2平6,兵五进一,炮3平2,马六退八,炮2平6,兵五平四,车6退4,车六平八,也是红优),兵五进一,炮3平5,炮五进五,象7进5,马四进五,红方弃子占势易走。

23. 仕五进四　车2平3　24. 车六平八　车3进4

25. 帅五进一　车3退1　26. 帅五退一　车3进1

27. 帅五进一　车3退1　28. 帅五退一　车3进1

29. 帅五进一　车3平4　30. 马四进五

红方弃马搏象,猛烈一击,黑方顿感难以招架,结果落败。

【小结】　针对本布局红巡河炮式,列举黑方两种应法:(1)变黑卒3进1遭到红炮八平三的飞刀后演至图1-2-2形势,又举红方两种攻法,当推前者(后者红车八进四巡河系老式着法，较为平常），红方第 10 回合车六平五硬杀中卒后，黑①变卒 7 进 1，遭遇红方河口炮"沿河十八打"，着法机警，攻杀凶悍，值得借鉴和研究；②变黑马 4 进 6，也难逃厄运，由图 1-2-3 的形势，即可判断优劣。总之，黑方的应招值得深思。（2）变黑炮 2 进 2 与红对抢先手稍感勉强，因效法红方策略总觉落后一步，红方可先行攻击，掌握主动。

第 3 局　正马对垒　红肋车过河

1. 炮二平五	炮 8 平 5	2. 车一进一	马 8 进 7
3. 马二进三	车 9 平 8	4. 车一平六	车 8 进 4
5. 马八进七	马 2 进 3	6. 车六进五（图 1-3-1）	……

红进车卒林肋马直接发动进攻，带有古谱战法的味道。如图 1-3-1 所示，形成肋车过河的典型局面。

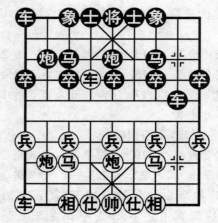

图 1-3-1

6. …… 　　　炮 2 进 2　　7. 车六平七　……

以往多见兵七进一，黑炮 2 平 7，马七进八，卒 3 进 1，兵七进一，炮 7 进 3，炮八平三，车 8 平 3，车九进二，车 1 平 2，车九平七，炮 5 进 4，仕四进五，车 2 进 4，局势较平稳。

7. …… 　　　车 1 进 2　　8. 兵七进一　炮 2 退 3

9. 马七进六　……

如改走车七退一，则卒 7 进 1，马七进六，炮 2 平 3，马六进七，车 1 平 2，炮八平七，炮 5 平 6，黑方阵形协调，可以满意。

9. ……　　　　　炮 2 平 4

黑方应改走炮 2 平 3（如车 8 平 4，炮八进二，炮 2 平 3，车七平八，黑方被动），则车七平八（如车七平六，则车 1 平 2，炮八平六，士 6 进 5，双方可战），马 3 进 4，车八进二（如车八退一，则炮 3 平 4，炮五平七，炮 5 平 3，黑优），车 1 平 3，相七进九，马 4 进 6，炮八平七，车 3 平 4，黑优。

10. 车九平八　　车 1 平 2

黑出车牵制红方无根车炮，是积极的走法。如改走车 8 平 4 顶马，则炮八进二，车 1 平 2（如炮 4 进 4，兵七进一，红伏炮八平九打车占优），炮五平六，车 4 进 1，炮八平六，车 2 进 7，后炮进六，红方主动。

11. 炮五平七　　**……**

如改走兵七进一，则炮 4 平 3，兵七平八，炮 3 进 2，炮八进五，炮 5 平 2，兵八平九，炮 2 退 2，马六进七，车 8 平 3，黑优。

11. ……　　　　马 7 退 5

黑方左马退入九宫煞费苦心，红方当然不能车七进一吃马，因黑有炮 4 进 8 得车的手段。

12. 炮八进四（图 1 - 3 - 2）　　**……**

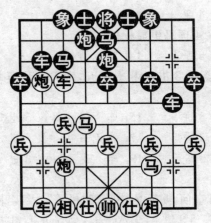

图 1 - 3 - 2

红方进炮封车，正着。如图 1 - 3 - 2 形势，黑方主要有（1）车 8 平 4、（2）炮 4 平 3 两种变着，分述如下：

（1）**车 8 平 4**——第 2 届 MMI 世界象棋大师赛第 4 轮广东许银川对重庆洪智局例：

12. ……　　车 8 平 4　　　**13. 车七进一**　　车 2 平 3

14. 炮七进五　　炮 4 进 4　　**15.** 炮七退一　　卒 7 进 1

16. 炮八进一　　……

红方进炮限制黑窝心马出路,细腻之着。如误走炮八平五,则车 4 退 1 捉双。

16. ……　　　　炮 4 进 1　　**17.** 车八进六　　卒 1 进 1

18. 炮七退一　　炮 5 平 3　　**19.** 车八平五　　炮 3 进 3

20. 炮七进一　　车 4 退 2

黑如改走车 4 退 1,兑车,则红炮八退一,也是红方占主动。

21. 炮八退一　　炮 4 平 7　　**22.** 相三进五　　炮 3 进 2

23. 马三退五　　炮 3 平 2　　**24.** 车五退一　　炮 7 平 1

25. 马五进七　　炮 1 平 9　　**26.** 车五平三　　炮 9 进 3

27. 车三退五

以上几个回合,黑方虽连灭红方三个小兵,但红车双炮占位极佳,黑方仍不能摆脱困境,结果红方形成绝杀而获胜。

(2)**炮 4 平 3**——"启新高尔夫杯"全国象棋甲级联赛第 8 轮黑龙江聂铁文对江苏徐超局例(接图 1-3-2):

12. ……　　　　炮 4 平 3

平炮逐车较车 8 平 4 顶马更显积极。

13. 车七平六　　炮 5 平 7　　**14.** 车六进一　　……

如改走车六进二,黑炮 3 进 4,相七进五,炮 7 退 1,车六退一,车 8 平 4,红方无益。

14. ……　　　　象 3 进 5　　**15.** 车六退一　　象 5 退 3

16. 车六进一　　象 3 进 5　　**17.** 车六退一　　象 5 退 3

18. 车六进一　　象 3 进 5　　**19.** 车六退一　　炮 3 进 4

20. 炮七平六　　……

黑炮打兵看似无可奈何,实际内中暗藏"机关"。红若随手接走车六平七,黑有象 5 进 3! 炮八平五,马 3 进 5,车八进七,马 5 进 4,红方中计速溃。

20. ……　　　　炮 7 平 6　　**21.** 相三进五　　炮 6 进 1

22. 车六进二　　车 2 进 1　　**23.** 车八进六　　炮 6 平 2

24. 相五进七　　车 8 平 3　　**25.** 相七退五

局势平衡,双方战和。

【小结】 此布局红肋车过河式,黑进炮巡河守中代攻,应着积极,演至图1-3-2形势,列举了黑方两种应着:(1)变黑车河口顶马,交换子力后,红方占优;

（2）变黑平炮逐车后，应着巧妙，可与红对抗，局势虽未现惊涛骇浪，但其中变化不少，值得回味。

第4局 顺炮横车对炮击中兵

1. 炮二平五 炮8平5 **2.** 车一进一 炮5进4（图1-4-1）

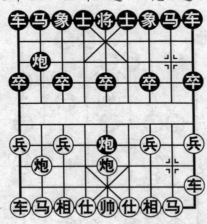

图1-4-1

黑方炮击中兵，阻止红车穿宫，打乱红方的战略部署，针对性极强，其缺陷是：影响出子速度，阵形上会存在一些不足。有关炮击中兵的走法，近来在全国大赛上极为少见，特选两例，以飨读者。

如图1-4-1形势，红方有（1）仕六进五、（2）仕四进五两种战法，分述如下：

（1）**仕六进五**——"大江摩托杯"象棋全国个人赛男子乙组末轮火车头才溢对北京杨德琪局例：

　　3. 仕六进五 ……

补仕有讲究，现补左仕是改进着法。如补右仕，见下局。

　　3. …… 象3进5 **4.** 马二进三 炮5退2

　　5. 马八进七 车9进1 **6.** 炮八平九 马2进4

　　7. 车一平四 车1平2 **8.** 车九平八 马8进9

红方通过平炮，准备亮车借以威胁黑方右翼，逼黑跳起拐角马，轻松解决了己方"将门"问题。

　　9. 车四进三 炮2进4 **10.** 兵三进一 车9平8

　　11. 车四平六 ……

红平车钉住拐角马,布局稳占先手,阵形十分协调。

11. ······   卒 9 进 1   **12.** 炮九进四   车 2 进 1

13. 帅五平六   ······

出帅好棋,解放中炮,欲攻黑方中路。

13. ······   车 8 进 5   **14.** 炮五进一   炮 2 退 2

15. 炮五进三   士 4 进 5   **16.** 马三进五   卒 3 进 1

17. 炮九进三!(图 1-4-2)······

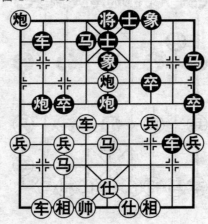

图 1-4-2

红炮沉底牵制黑方拐角马,展开天地炮攻势。如图 1-4-2 形势,黑势不容乐观。

17. ······   车 2 平 1   **18.** 兵七进一   车 1 退 1

19. 车六进四   马 9 进 8   **20.** 兵七进一   马 8 退 7

21. 炮五平八   象 5 进 3   **22.** 车六退二

至此黑方虽勉强化解了红方中路攻势,但左马受制,形势仍落下风,以下红方运子老到,黑陷困境,超时判负。

(2)**仕四进五**——"伊泰杯"全国象棋个人赛男子组第 4 轮山东王新光对四川黄仕清局例(接图 1-4-1):

   3. 仕四进五   象 7 进 5   **4.** 马二进三   炮 5 退 2

   5. 马八进七   马 8 进 7   **6.** 车一平四   马 2 进 1

黑进边马保持阵形协调,准备以挟多中兵之势打持久战。

   7. 车四进五   卒 7 进 1   **8.** 马三进五   炮 2 进 1

红方右马盘中急攻,暴露右翼空虚弱点;黑方进一步炮针对性不强,应考虑走车 9 平 8,下伏车 8 进 9 威胁红方底线。

　9. 兵三进一　　卒 7 进 1

不如改走卒 3 进 1,则红车四进二,卒 7 进 1,马五进三,炮 5 平 7,车四平六,车 9 进 1,黑可满意。

10. 马五进三　车 9 平 7　　**11.** 车四进二　士 4 进 5

12. 马七进五　炮 5 进 3　　**13.** 相七进五　马 7 进 8

黑进外肋马并无好去处,嫌缓,当务之急应为右车谋出路。例如走车 1 进 1,红如接走马三进二(如马五进六,则炮 2 退 2,车四退二,炮 2 退 1,伏车 1 平 2 战炮),则车 1 平 4,马二进三,炮 2 退 2,黑优。

14. 马五进六　卒 3 进 1　　**15.** 马六进七　马 1 进 3

16. 炮八平六　……

平肋炮亮车助攻,好棋,红方先手扩大。

16. ……　　　　炮 2 退 2　　**17.** 车四退三　炮 2 进 3

18. 车四进三　炮 2 退 3　　**19.** 车四退三　马 8 退 7

20. 车四进一　车 1 进 2　　**21.** 车九平八　炮 2 平 4

如改走车 1 平 3,车八进八,兑子交换后,黑方兵种不全,子力位置较差,亦处被动局面。

22. 马七退五　车 1 平 4　　**23.** 炮六平九　……

躲炮避兑,从边线出击,正着。

23. ……　　　　马 3 退 1

如改走车 4 进 1,则炮九进四,马 3 退 1,马五退四,黑又丢一卒,局势不利。

24. 车八进六　炮 4 平 3　　**25.** 炮九进四

红方子力活跃,多兵占优,结果胜。

【小结】 黑炮击中兵属冷门布局。后手方往往为争胜而出其不意使用该布局,有时也能奏效。综观所列战例,前者红方思路清晰,攻击有方,占据主动;后者红虽获胜,但黑若应对得当,还有对抗机会。对于炮击中兵变例,(1)变为我们提供了良好的构思和进攻方法,值得回味与借鉴。

第二节　顺炮直车对横车

第1局　红进三兵对黑右马屯边

1. 炮二平五　炮8平5　**2.** 马二进三　马8进7

3. 车一平二　车9进1　**4.** 马八进七　车9平4

5. 兵三进一　马2进1(图1-5-1)

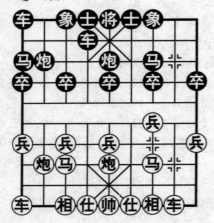

图1-5-1

黑右马屯边,优点是阵形协调,布阵灵活,弱点是中路单马保卒,容易受攻而累及全局。此手黑常见的下法是:马2进3,兵七进一,车1进1,形成经典的顺炮直车两头蛇攻双横车的布局,双方另有一番攻守,下局介绍。

这手另辟蹊径的走法,为江苏队所创,被誉为"江苏流"。如图1-5-1形势,红方主要有(1)马三进四、(2)仕六进五两种战法,分述如下:

(1)**马三进四**——"西乡引进杯"全国象棋个人锦标赛第二阶段淘汰赛第4轮黑龙江赵国荣对江苏王斌局例:

6. 马三进四　……

红方右马盘河是一种针对性很强的急攻型下法,稳健些可走仕六进五,见下例。

6. ……　　　炮2平3

改进后的着法。过去多走车4进4,马四进五,马7进5,炮五进四,士4进

5,相七进五,炮2平4,车九平八,车1平2,炮八进六,车4进2,车八进二,车4退3,车二进九,双方互缠。这是苗利明对洪智的实战。

7. 车二进五　……

红车骑河控制黑方河沿要道,是一步新着! 过去多走车九平八。

7. ……　　　车1平2　　8. 车九平八　车2进6

9. 车二平六　车4平6　　10. 马四进五　马7进5

红马夺中卒猛攻嫌急,也可考虑车六退一,下伏炮五平四打车,形势也不错。

11. 炮五进四　士6进5　　12. 炮八平九　车2平3

13. 车八进二　将5平6　　14. 仕六进五　炮5进4

15. 马七进五　车3平5　　16. 车八平五　车5平3

17. 车五平二　车6进2　　18. 炮五退一　车3退3

19. 车六退五　车3平4　　20. 帅五平六　车6进1

21. 炮五进一(图1-5-2)　车6退1

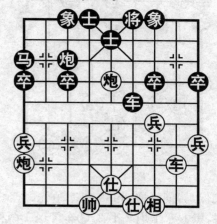

图1-5-2

布局至此,黑方取得多象多卒的理想盘面。如图1-5-2,黑退车捉炮,帮倒忙! 应走卒1进1开通马路,形成对攻,红颇有顾忌。

22. 炮九进四　车6进3　　23. 兵九进一　卒9进1

24. 车二进三　卒3进1

弃卒意在拆散红方"担子炮",殊为可惜。不如径走炮3平4,下伏马1退3,再马3进4,铁骑奔袭较为有利。如改走车6平9,车二平四,炮3平6,兵九进一,红方易走。

25. 车二平七　炮3平4　　26. 兵九进一　象7进5

27. 车七平一　　车 6 平 5

双方混战,结果红胜。

(2)仕六进五(上接图1-5-1)

6. 仕六进五　……

红补左仕固防,稳步进取,为目前流行着法。

6. ……　　车 4 进 4　　**7.** 炮五平四　……

如改走马三进二,则炮 2 平 3,炮八进四,车 1 平 2,车九平八,车 4 平 7,炮五平三,卒 1 进 1,相三进五,车 7 退 1,炮八退二,车 7 平 8,平车拴马,黑方布局满意。这是太原全国象棋个人赛第 2 轮黑龙江王琳娜先负云南赵冠芳的实战。

7. ……　　车 4 平 7　　**8.** 马三进二(图1-5-3)　……

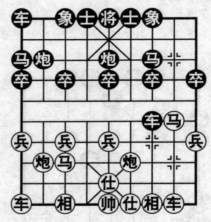

图 1-5-3

红亦可走车二进二保马,伺机炮四退一打车争先。

如图 1-5-3 形势,黑方有①炮 2 平 3、②车 7 退 1 两种应法,分述如下:

①炮 2 平 3——"将军杯"全国象棋甲级联赛广东许银川对江苏王斌局例:

8. ……　　炮 2 平 3　　**9.** 相七进五　　车 7 退 1

10. 炮八进三　　车 1 平 2　　**11.** 炮八平七　……

如改走炮八平三,则车 7 平 8,炮四平三,马 7 退 9,红方无便宜。

11. ……　　炮 3 进 3　　**12.** 兵七进一　　炮 5 平 4

13. 马七进六　　车 2 进 4　　**14.** 马六进四　　车 2 平 6

黑以车砍双马,着法明智,是下风中求和的一种兑子战术。如改走象 3 进 5,则车九平六,士 4 进 5,马二退四,车 7 平 6,炮四进三,车 2 平 6,马四进二,车 6 平 8,也是一车换马炮,前后对比,还是车换双马稍好。

15. 马二进四　车7平6　　　**16.** 车二进六　卒7进1

17. 炮四平三　象7进5　　　**18.** 车二进一　……

如改走车九平六，则士6进5，车六进七，士5进4，炮三进五，车6平5，红虽稍好，但难以取胜。

18. ……　　　马7退5　　　**19.** 车二进一　马5进7

20. 车九平六　士6进5　　　**21.** 车二平三　车6退1

退车老练！弃马后伏车6平7，先弃后取。

22. 兵五进一　马1退3　　　**23.** 车六进三　车6退1

24. 兵一进一　卒1进1　　　**25.** 炮三退一　卒7进1

弃卒引相使右马活通道路，佳着！

26. 相五进三　马3进2　　　**27.** 炮三进六　车6平7

28. 车三退一　炮4平7

局势相当，结果成和。

②车7退1——"西乡引进杯"全国象棋个人锦标赛女子组第二阶段淘汰赛第3轮黑龙江王琳娜对江苏伍霞局例（上接图1-5-3）：

8. ……　　　车7退1

退车先避一手颇有见地。在同轮赛事尤颖钦对张国凤五至八名争夺战中，张走的是炮2平3，车九平八，车1平2，炮八进四，士4进5，相三进五！车7退1，车二平三！车7进5，相五退三，卒7进1，相七进五，卒1进1，兵七进一，红方先手，结果胜。

9. 相七进五　炮2平3　　　**10.** 炮八进二　车1平2

11. 炮八平七　炮3进3　　　**12.** 兵七进一　车2进4

升车巡河较炮5平4灵活，富有新意。

13. 车九平六　士4进5　　　**14.** 车二进三　炮5平4

15. 车二平四　马1退3　　　**16.** 马二进四　象7进5

17. 兵五进一　……

冲中兵错失胜机。应改走马四进三（或车六进七后再马四进三），炮4平7，车六进八，马3进1，炮四进七！车7平6，车四进二，车2平6，炮四平一，红方得士占优。

17. ……　　　马7退9　　　**18.** 马四退五　马9退7

19. 车四进一　车7平4　　　**20.** 车六进五　车2平4

21. 马五退三　……

应改走车四进二，乘机杀卒，红方好走。

21. …… 　　　　　卒3进1　　**22. 马七进五　马3进2**

23. 兵七进一　车4平3　　**24. 车四进二　马2进4**

红方进车失误！应改走炮四进一。

25. 车四退三　车3进2　　**26. 炮四退一　炮4平2**

抓住红方的失误,黑进车拴链车马,分炮沉底,已呈优势,结果胜。

【小结】　此布局黑右马屯边式,列举红方两种攻法:(1)变跃马盘河,对黑中路构成威胁,是急攻战法,第7回合红车骑河的新着效果不错,但之后马抓中卒嫌急,让黑方取得理想开局形势,因此红方马三进四的攻法现已不多见,期待高手新招早日浮出水面;(2)变补仕固防、稳步进取,所列两例(红不失误)均可取得不同程度的优势局面。

第2局　红两头蛇　黑双横车(1)

——红飞左边相新战法(1)

1. 炮二平五　炮8平5　　**2. 马二进三　马8进7**

3. 车一平二　车9进1　　**4. 马八进七　车9平4**

5. 兵三进一　马2进3　　**6. 兵七进一　车1进1(图1-6-1)**

至此,形成经典的顺炮直车两头蛇对双横车的布局体系,这是20世纪70年代发展起来的流行阵法,如图1-6-1所示。

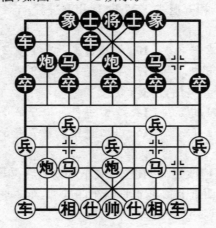

图1-6-1

7. 相七进九　车4进5

黑车急进兵林线,对攻之着。如改走车4进3巡河,则相对缓和。

8. 马三进四 ……

红方进马捉车,力争主动的走法。如改走仕六进五,车4平3,车九平七,车1平6,双方另有攻守。

8. …… 车4平3 **9. 车九平七** 卒3进1

10. 炮五平三 ……

卸中炮,下伏打死车的手段,新招尝试。以往多走车二进五,炮2进4,车二平七,车1平6,马四进三,车3平4,黑伏炮2平3打双车的手段,可以与红方抗衡,详见下局。

10. …… 车1平6

黑方置3路车于不顾,硬平车捉马,积极求变。以往曾走炮2进4,马四进三,炮2平5,马七进五,车3平5,炮三平五,车1平2,炮八平六,马3进4,兵七进一,马4进3,相九进七,马3退5,仕六进五,车5平4,马三进五,象3进5,炮六退二,马5退3,黑不难走。

11. 炮三进一(图1-6-2) ……

进炮打车,箭在弦上不得不发。如图图1-6-2形势,黑方有(1)车3平5、(2)车3进1两种变着,分述如下:

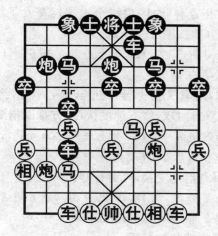

图1-6-2

(1)**车3平5**——"景山杯"象棋大奖赛北京蒋川对广西张大年局例:

11. …… 车3平5

黑方车吃中兵,煞是精彩好看!如改走车3进1,见下局。

12. 马七进五 车6进4 **13. 炮三进三** ……

如改走炮八平五,炮5进4,仕六进五,局势较为稳健。

13. ……　　　　马3退5

马退窝心,一着两用,既可掩护底象,又可避免红方七路兵的牵制,是老练的走法。

14. 相三进五　炮5进4　　**15.** 仕四进五　……

此手改走仕六进五为好。

15. ……　　　　车6平7　　**16.** 炮三平九　马7进8

17. 车七进三　车7进1　　**18.** 相九退七　……

退相软着,被黑马乘机奔袭招来无穷后患。应改走炮九退二,守住巡河要道,双方战线尚长。

18. ……　　　　马8进6　　**19.** 炮八进一　马6进8

20. 车二平四　……

红方平车,遭黑妙杀;如改走炮八退二,则炮2平6,黑亦胜势。

20. ……　　　　车7进3

形成马后炮绝杀,黑胜。以下红车平三,则马8进6,帅五平四,炮2平6杀。

(2)**车3进1**——"伊泰杯"全国象棋个人锦标赛女子组第3轮广东陈丽淳对浙江杭州金海英局例(上接图1-6-2):

11. ……　　　　车3进1　　**12.** 车七进二　车6进1

13. 炮三进三　象7进9

黑如改走炮5进4,则炮三进三,士6进5,炮七平九,将5平6,车七平三,车6进4,帅五进一,形成双方对攻,红方速度快,黑方难以招架。

14. 相三进五　马3进4　　**15.** 兵七进一　马4进5

16. 车七进一　马5退7　　**17.** 车七进一　……

兑车巧手!迫黑马与红炮交换,红方优势。

17. ……　　　　马7进6　　**18.** 炮八平四　车6进2

19. 相九退七　炮2进2　　**20.** 帅五进一　……

御驾亲征是化解黑方攻势的好手。

20. ……　　　　卒5进1　　**21.** 兵七平六　卒5进1

22. 兵六平五　……

红兵平中,老到,如误走车七平五吃卒,则黑炮2退8,帅五平六,炮2平5,车五平七(如车五平六,后炮平4打死车,红立溃),车6平5,下伏后炮平4的凶着,红方受攻,形势不利。

22. ……	卒 5 进 1	23. 车七进五	炮 2 平 4

不如改走卒 5 进 1,相七进五,车 6 平 5,帅五平六,士 6 进 5,虽处下风,但战线漫长。

24. 帅五进一	炮 4 退 1	25. 车七退二	象 9 进 7
26. 炮三平四	炮 5 退 1	27. 车二进六	车 6 平 5
28. 仕四进五	卒 5 平 6		

平卒弃马,力求一搏,勇气可嘉。

29. 车七平三

红方算准有惊无险,毅然接受弃子,结果胜。

【小结】 此布局红两头蛇对黑双横车,红飞左边相,目前在实战中出现较多。红卸中炮的新招,效果甚好。从实战分析看,黑车 1 平 6,过早一车换双,易处下风,红方好走,机会较多。由于红方炮五平三的新式变着和黑方的应对尚属探索阶段,其优劣仍需大量的实战来检验。

第 3 局　红两头蛇　黑双横车(2)
——红飞左边相新战法(2)

(接上局图 1-6-1。)

7. 相七进九	车 4 进 5	8. 马三进四	车 4 平 3
9. 车九平七	卒 3 进 1	10. 车二进五(图 1-7-1)	……

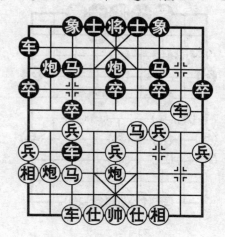

图 1-7-1

进车骑河瞄卒胁马,是较为流行的一种战法。

如图1-7-1形势,黑方有(1)车1平6、(2)卒5进1、(3)炮2进3三种变着,分述如下:

(1)车1平6

10.……　　　车1平6

横车穿宫捉马是直觉着法,对攻激烈,变化复杂。如改走卒5进1拦车,变化见下局。

11.炮八进二　卒7进1

红方升左炮保马,正着。如改走车二平七,则炮2进4,马四进三,车3平4,马三进五,炮2平3打双车,黑方占优,黑方弃7卒,活通左马,亦正着。如改走卒3进1,车二平七,红方占优。

12.车二平三　……

亦可改走车二退一。则卒3进1,炮五平四,炮5平6,马四退五,炮6平5,马五进七,卒3进1,仕六进五,车6进4,炮八平五,卒3进1,车七进二,马7退5,车七进四,红优。选自"威凯房地产杯"全国象棋精英赛江苏徐超对江苏李国勋的实战。

12.……　　　马7进6(图1-7-2)

如图1-7-2形势,以下红方有①兵七进一、②炮五平四两种战法,分述如下:

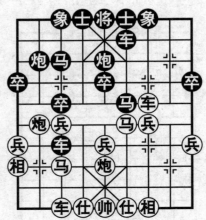

图1-7-2

①兵七进一——MMI世界象棋大师决赛四番棋的第3局广东许银川对广东黄仕清局例:

13. 兵七进一　……

红冲七兵,简明,如改走炮五平四,见下例。

13. ……	象 7 进 9	**14. 车三平二**	车 3 退 2
15. 炮五平四	炮 2 进 2	**16. 车二进二**	炮 2 退 2
17. 车二退二	炮 2 进 2	**18. 车二进二**	炮 2 退 2
19. 车二退二	马 3 进 4		

双方不变则作和,许银川就要提前捧杯,所以黑方只好进马强行求变。

20. 马四退六　……

退马捉车,红方先手扩大。

20. ……	马 6 退 7	**21. 马六进七**	马 7 进 8

22. 前马进六　将 5 进 1

黑如改走车 6 平 4,则炮八平六,士 6 进 5,马七进八,士 5 进 4,马八进六,红亦占优。结果红方获胜。

②炮五平四——"大江摩托杯"全国象棋个人赛女子组第 2 轮湖北左文静对江苏张国凤局例(接图 1-7-2):

13. 炮五平四　炮 2 进 2

如改走卒 3 进 1,则炮八进二(亦可马四退五),马 3 进 2,车三平四,车 6 进 3,炮四进三,马 2 进 4,炮四平七,车 3 平 2,马七进六,卒 3 平 4,炮八平七,象 3 进 1,后炮平二,炮 5 进 4,马四进六,红多子占优。

14. 车三进四　……

红方杀象不如改走兵七进一,则象 7 进 9,车三平二,车 3 退 2,相三进五,马 3 进 4(如炮 5 进 4,则仕四进五,炮 5 退 1,炮八退三,车 3 进 2,车二平四,车 6 进 3,炮四进三,车 3 平 7,马四退三,车 7 进 1,马七进六,红优),马四退六,马 6 进 4,仕六进五,车 6 平 4,炮八平七,车 3 进 1,车二平六,车 4 进 3,相九进七,红方较优。

14. ……	卒 3 进 1	**15. 兵三进一**	卒 3 平 2
16. 兵三平四	炮 5 平 6	**17. 车三退五**	炮 6 进 3
18. 炮四进一	车 3 退 2	**19. 马七进八**	车 3 进 5
20. 相九退七	炮 6 平 5		

以炮换兵,佳着。

21. 车三平五　车 6 进 3

双方均势,结果和棋。

(2)卒 5 进 1(接图 1-7-1)

10.……　　　卒5进1

冲中卒拦车,是黑方的一种变着,双方战斗激烈,展开中场争夺。

11. 车二平五　　车1平6(图1-7-3)

如图1-7-3形势,红方有①车五平七、②炮八进二两种战法,分述如下:

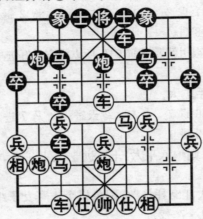

图1-7-3

①车五平七——"将军杯"全国象棋甲级联赛第10轮河北苗利明对甘肃焦明理局例:

12. 车五平七　　……

平车杀卒先得实惠!如改走炮八进二,见下例。

12.……　　　马6进1　　13. 前车进二　　炮2进4

14. 前车进二　　马7进5!

黑方中路献马,是此局的精华,致使红方中路空虚,黑潜藏反击之势。另有两种走法,黑均不利:(ⅰ)车6平3,则前车退五,车3退1,马七进八,车3进3,相九退七,炮5进5,相七进五,炮2平9,兵九进一,炮9退1,马八进九,红方略优;(ⅱ)炮2平5,则马七进五,车3平5,仕六进五,士6进5,炮五进五,象7进5,前车退二,将5平6,帅五平六,红占优。

15. 炮五进四　　士6进5　　16. 仕六进五　　将5平6

17. 前车退三　　车6进3

进车塞相腰,紧手!如改走炮2平5,则马七进五,车3平5,炮八平五,车6退2,兵七进一,红方稍先。

18. 前车平六　　炮2平5　　19. 马七进五　　车3平5

20. 帅五平六　　炮5平4　　21. 炮八平六　　车5退3

22. 车六退一　车5进1　　**23.** 车六进一　车6退5

24. 车六退二　车6进2　　**25.** 车六进二　车5退1

26. 车六退一　炮4进5

兑炮简化局势,结果成和。

②炮八进二——"大江摩托杯"全国象棋个人赛女子组第2轮成都郭瑞霞对河南刘欢局例(接图1-7-3):

12. 炮八进二　……

升巡河炮保马,较上例车五平七相对稳健。

12. ……　象3进1

飞象护3路卒,是一步新变着,牵制了红方的骑河车。过去多走卒3进1,则车五平七,炮5进5,马四退五,马7进5,马五进七,马5进3,相九进七,后马进5,仕六进五,卒7进1,车七平六,卒7进1,炮八平三,车6进4,相七退五,士6进5,车六进六,红方稍优。

13. 马四进六　马3进4　　**14.** 车五平六　炮5进5

15. 相三进五　马7进7　　**16.** 兵七进一　……

亦可改走车六进一捉马。

16. ……　士6进5　　**17.** 仕六进五　马5进3

18. 兵三进一　……

可改走炮八平五,则将5平6,相九进七,顶头马,局势相对稳健。

18. ……　卒7进1　　**19.** 车六平三　象7进9

20. 车三进一　车6进3　　**21.** 车三平一　炮2平5

22. 炮八进五　象1退3　　**23.** 车一平七　炮5进5

红平车捉象、黑中炮轰相,双方对杀,结果黑胜。

(3)炮2进3——全国象棋个人锦标赛第1轮火车头于幼华对湖南谢业枧局例(接图1-7-1):

10. ……　炮2进3

黑方进骑河炮打马,与红对攻,旨在争到右横车平肋捉马的先手。

11. 兵七进一　车1平6　　**12.** 马四退三　……

红方退马是步以退为进的新招。以往多下马四进三(或马四进六),车6进2,兵三进一,卒5进1,车二退一,炮2退4,兵七进一,车3退3,马七进六,车3进6,相九退七,红方多兵较好。

12. ……　卒7进1　　**13.** 车二平三　马7进6

14. 兵七进一　炮2退1　　**15.** 车三进一　车3退3

16. 兵三进一　马6退4　**17.** 兵三平四！……

弃兵争先，一着两用的好棋！既通车路，又伏马七进六的巧着。

17. ……　　　炮2进2　**18.** 炮五平四！车6平8

如改走车6进3吃兵，则马七进六！车3进6，马六进四，车3退6，炮四平五，红方主动。

19. 车三进三　士4进5　**20.** 马七进六　车3进6
21. 相九退七　炮2平4　**22.** 仕六进五　马4进3
23. 相七进五　炮5进4　**24.** 马六进七　炮5平1
25. 车三退五

红方形势占优，结果胜。

【小结】　此局红车骑河走法，是20世纪之初较为流行的布局攻防战法，双方对攻激烈，体现了顺炮战节奏明快的显著特点。笔者认为，在对攻中仍属红方易走，机会较多。

第4局　红两头蛇　黑双横车(3)
——红补左仕新战法

1. 炮二平五　炮8平5　**2.** 马二进三　马8进7
3. 车一平二　车9进1　**4.** 马八进七　车9平4
5. 兵三进一　马2进3　**6.** 兵七进一　车1进1
7. 仕六进五　……

补左仕也是一种攻守兼备的走法，在20世纪80年代全国赛中经创新后逐渐流行。

7. ……　　　车4进5(图1-8-1)

黑车进兵线，对红左马加压，落点恰当。如改走车4进7，则相七进九，车1平6，车九平六，红方占先。

如图1-8-1形势，红方有(1)炮五平四、(2)相七进九两种战法，分述如下：

(1)**炮五平四**——"伊泰杯"全国象棋个人锦标赛男子组第6轮广东宗永生对河北陈翀局例：

8. 炮五平四　……

卸中炮协调阵形，战法稳健，是步新招。一般此手多走相七进九，变化见下局。

8. ……　　　车1平6

横车过宫，两翼张开。如改走车4平3，则相七进五，车1平6，车九平六，红

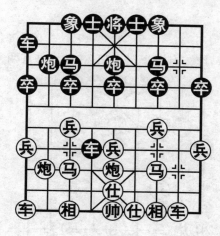

图 1-8-1

方满意。

9. 相七进五 　卒 5 进 1

冲中卒准备上盘头马猛攻中路,着法凶悍,进攻线路正确。

10. 炮八进二 　……

升炮巡河为有力之着,既限制黑方的中路攻势,又伏马三进四打车争先,一着两用,好棋。

10. ……	车 6 进 5	**11.** 马三进四	卒 5 进 1
12. 炮八平五	马 3 进 5	**13.** 马四进五	马 7 进 5
14. 炮五进三	象 3 进 5	**15.** 车九平八	……

以上双方着法攻守皆备,兑去马炮简化局势后,现平车捉炮仍持先手,且多中兵占优。

15. ……	炮 2 平 1	**16.** 兵五进一	车 4 退 2
17. 车二进六	马 5 进 6	**18.** 炮四进二	车 6 退 1
19. 车二平三	车 6 平 5	**20.** 车三平七	车 4 进 2
21. 车七平九	炮 1 平 4		

平炮士肋,稳当。也可考虑象 5 退 3,伏炮 1 平 5 镇住中路,在进攻中弥补少兵的弱点,虽然发展趋势也是和棋,但比实战来得精彩。

22. 车九平一	车 4 平 3	**23.** 车八平七	士 6 进 5
24. 兵一进一	炮 4 进 4	**25.** 车一平四	车 5 平 3
26. 车四平六	前车进 1	**27.** 车七进二	车 3 进 2
28. 车六退三	车 3 退 3(和局)		

(2)相七进九(接图1-8-1)

8. 相七进九　车4平3　　9. 车九平七　车1平6(图1-8-2)

如图1-8-2形势,红方有①车二进三、②车二进五两种战法,分述如下:

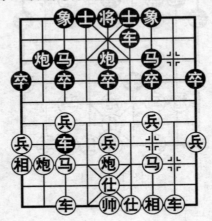

图1-8-2

①车二进三——兰州"将军杯"全国象棋甲级联赛甘肃何刚对江苏徐超局例:

10. 车二进三　　……

红车抢占兵林线,防黑车6进5的变化,伏炮五平四打车的棋,是当时出现的新招!

10.……　　炮2进4

黑右炮进兵林凶招,伏车3进1得子的棋,逼红车离开兵林线。

11. 车二进三　卒5进1

黑冲中卒打通中路,攻法灵活!如急于走车6进5,则马三进二,车6平8,车二进二,伏马二进一兑车,红方占优。

12. 炮五进三　士6进5　　13. 车二平三　马3进5
14. 炮五进二　象3进5　　15. 马7退6　车3进3
16. 相九退七　炮2退3　　17. 车三平二　卒3进1
18. 车二退三　卒3进1

黑3卒渡河且各子活跃已反先,结果胜。

②车二进五——第23届"五羊杯"象棋冠军邀请赛小组赛黑龙江赵国荣对北京蒋川局例(接图1-8-2):

10. 车二进五　卒7进1　　11. 车二平三　马7进6

12. 马三进四 ……

红如改走马七退六,车3进3,相九退七,象7进9,车三平二,炮2进2,炮五平四,炮2平8,炮四进六,马6进5,相七进五,双方大致均势。选自第22届"五羊杯"赛胡荣华先和赵国荣的实战对局。

12. …… 象7进9

黑方先飞边象驱车是新变着,以往走马6进4,马四进六,车3进1,车七进二,马4进3,兵七进一!象7进9,车三平二,炮5平7,仕五进六,马3退4,马六进七,象3进5,车二平六,炮7平3,车六退一,卒3进1,车六进二,士6进5,车六平五,车6进1,炮八进四,红优。选自第22届"五羊杯"三、四名决赛许银川先胜赵国荣的实战对局。

13. 车三平二 马6退7

黑退马一击是此局的关键变着,着法灵活多变。

14. 马四进三 车6进2 15. 炮五平三 卒5进1

16. 车二平五 ……

红卸中炮后,黑挺中卒必然,完成了子力的联系。现红杀中卒果断,如炮八进二,黑马3进5,红方子力受制,难于开展。

16. …… 马3进5 17. 车五平六 士6进5

18. 车六进一 炮5进4 19. 马七进五 车3平5

至此,黑方打开红方兵线,完全可以与红方对抗,应该是双方各有千秋的局势,终局弈和。

【小结】 此布局红补仕待机,走法含蓄,攻守兼备。(1)变红卸中炮新招,稳健有余,攻击不足,从实战看可从容化解黑方的多种反击,是先手方立于不败之地而伺机争胜的理想选择。(2)变所列两例,前者遭到黑右炮过河的反击,红方难占便宜,选用此局红需谨慎;后者红骑河车的控制战术是常见的攻法。局例中黑方提供的新变颇有实战与研究价值,值得借鉴。

第5局 红两头蛇 黑左横车分边炮

1. 炮二平五 炮8平5 2. 马二进三 马8进7

3. 车一平二 车9进1 4. 马八进七 车9平4

5. 兵三进一 马2进3 6. 兵七进一 炮2平1

至此形成顺炮直车两头蛇对横车平边炮布阵。黑平边炮是20世纪80年代出现的变着,现在一般黑方多走车1进1,形成双横车对抗两头蛇阵势。

7. 车九平八　　车4进5(图1-9-1) ……

黑方肋车过河,正着。如改走车1平2,则炮八进四,车4进3(如车4进5,则马三进四,车4平3,车八进二,卒3进1,车二进五,红方大优),车二进八,卒7进1,车二平三,马3退5,炮八进一,红方占优。

如图1-9-1形势,红方有(1)车二进六、(2)马三进四两种攻法,分述如下:

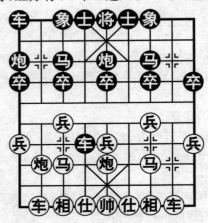

图1-9-1

(1)**车二进六**——第2届MMI世界象棋大师赛厦门汪洋对重庆洪智局例:

8. 车二进六 ……

红方右车过河为老式走法,意在避开马三进四的流行套路,欲使老树发新芽。

8. ……	车4平3	**9. 车二平三**	车3进1
10. 车三进一	车1平2	**11. 炮八进四**	卒3进1
12. 兵七进一	车3退3	**13. 车三退二**	……

红方退车邀兑,抢占骑河要道,争先之着。

13. ……	车3进2	**14. 仕四进五**	象7进9
15. 车三平四	炮1进4	**16. 兵三进一**	仕4进5
17. 炮八进二	炮5平7		

黑卸炮打马,挑起争端,看似积极但欠稳妥,应改走炮1平5,这样容易把握局势。

18. 马三进四	炮7进7	**19. 炮八退一**	象9退7
20. 帅五平四	……		

好棋!红方出帅后伏有马四进六的严厉手段。

20. ……　　　　炮 1 平 2

黑方平炮并不能解除红马四进六的攻击手段。以下还有两种选择：①车 3 平 5，马四退三捉车，车 5 退 2，车四平五，卒 5 进 1，马三进五，红方占优；②象 3 进 5，马四进六，马 3 进 4，炮五进四，将 5 平 4，车四平六，将 4 平 5，车六平四，将 5 平 4，车八进六，车 3 平 4，红虽占优，但黑要比实战走法好。

21. 马四进六　马 3 进 4　　22. 炮五进四　士 5 进 4

23. 车八进二！……

红不吃马而升左车助攻，是大局感极强的走法，黑方顿感难以应付，如改走车四平六，则车 3 平 5，黑可对抗。

23. ……　　　　车 3 退 3

黑方退车捉炮乃顽强的应法。如改走车 2 进 2，车四进四，将 5 进 1，车四退一，将 5 退 1，车八平二，将 5 平 4，车二进六。红方速胜。

24. 车八平四　将 5 平 4　　25. 前车平六　士 6 进 5

26. 炮五平六　车 3 平 4

黑方弃车砍炮，无奈的选择。如改走将 4 平 5，车六平五，象 7 进 5，炮八平五，红方速胜。

27. 车六进一　车 2 进 2

红方占优，结果胜。

(2)马三进四(接图 1 - 9 - 1)

8. 马三进四　车 4 平 3　　9. 马四进六　车 3 进 1

10. 马六进七　炮 1 进 4(图 1 - 9 - 2)

如图 1 - 9 - 2 形势，红方有(甲)炮八进五、(乙)炮八进七两种攻法，分述如下：

(甲)炮八进五——柳大华象棋表演赛南海陈振宇对柳大华局例(编者按：本局谱由棋王柳大华回忆并自评。由顺德棋类协会协办的"2007 年文化风城庆五一暨棋王柳大华 1 对 139 冲击世界纪录象棋表演赛"之第 85 台对局，象棋特级大师柳大华最终以 83 胜 47 和 9 负的战绩创下了车轮应众的世界纪录。顺德孔广锡撰稿)：

11. 炮八进五　……

以上是顺炮直车两头蛇对横车平边炮的流行走法，红方选择较为冷门的邀兑炮走法，看来对此开局很有研究。

11. ……　　　　车 1 进 2

软着，进车捉炮是黑方落于下风的根源。应改走炮 5 平 2，车八进七，车 3

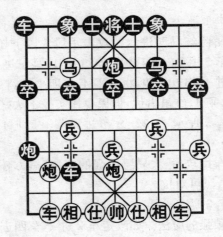

图 1-9-2

进2,马七退五,马7进5,炮五进四,车1进1,相三进五,车3退3,兵五进一,车1平4,双方对攻。

12. 马七退五　炮5进4　　**13.** 仕四进五　士4进5

14. 马五进三　炮1平3　　**15.** 相七进九　车3平1

16. 炮八进二　象3进5　　**17.** 炮八平四　后车平2

18. 车八平七　车2进4(图1-9-3)

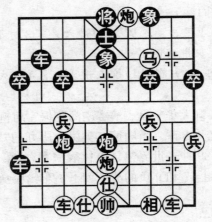

图 1-9-3

　　如图1-9-3形势,黑方进车保炮,败着!应改走炮3平9,炮四退一,象5退3,马三进五,象3进5,黑方可以抗衡。

19. 炮四退一　炮3平9　　**20.** 炮四平二　炮5退1

21. 炮二进一　士5退6　　**22.** 马三进四　车2平6

23. 马四退三　象7进9　　**24.** 车七平八

至此,黑方无法解救,红胜。

(乙)炮八进七(接图1-9-2)

11. 炮八进七　……

沉底炮威胁底线,着法强硬。

11. ……　　　　炮5进4

炮击中兵对抢先手。另一种走法是平炮打相,演示如下:炮1平3,则红相七进九,车3平1,车二进八,炮5进4,仕四进五,马7退5,炮八平六,后车进2,车二平四,后车平3,帅五平四,马5进6,车四退二,士6进5,炮六退七,车1退3,炮五进四,将5平4,兵七进一,红方占优(选自赵顺心对钱君的实战)。

12. 仕四进五　炮1平3　　**13.** 相七进九　车3平1

14. 车二进七　……

进车捉马是改进后的着法。另有帅五平四避开黑前车平2捉车的先手,对局过程是:帅五平四,则黑后车进2,马七进六,后车平6,炮五平四,车6进5,仕五进四,车1平6,帅四平五,炮5退1,马六退七,象3进5,炮八退五,炮5退1,兵七进一,卒3进1,车二进三,卒3进1,车二平七!卒3进1,炮八进五,对攻中红方较为有利。

14. ……　　　　马7退5　　**15.** 炮八平六　后车进2

16. 炮六退一　前车平4(图1-9-4)

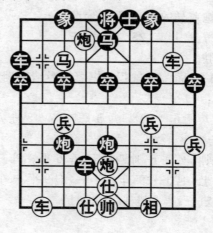

图1-9-4

如图1-9-4形势,红方有①帅五平四、②车二平四两种不同战法,分述如下:

①帅五平四——"七斗星杯"全国象棋甲级联赛中第16轮重庆洪智对开滦蒋凤山局例:

17. 帅五平四　　车4退6　　**18.** 车八进三!　　……

伸车捉炮改进之着! 在第26届"五羊杯"冠军赛中出现的走法是车二平四,马5进7,车八进三(如车四平三吃马,黑则车4平6,帅四平五,车6进5,黑占主动),车1平3,车四平七,车4平6,炮五平四,马7退5,车八平七,马5进3,车七平五,双方均势。详变见下局:

18. ……　　　　车4进5　　**19.** 车二平四　　马5进7

黑方进马败着,应改走炮6平5! 以下红方大致有两种攻法:(a)车八进五,黑则车1平3! 车四平七,象7进5,车七平八,炮3进3,帅四进一,炮6退4,对攻中黑方显然占据主动;(b)车八进六,黑则车4平5,炮五进四,马5进3,车八平七,马3退4! 车四平九,车5退3,对攻中仍是黑方占据主动。

20. 车八进五　　……

好棋! 红方进车点穴,着法严厉! 以下伏有车八平三的凶着,红已完全掌握战局的主动权。

20. ……　　　　车1平3　　**21.** 车四平七　　象7进5

22. 车八平四　　士6进5　　**23.** 车七进一　　炮5平6

24. 兵三进一　　……

巧妙献兵,伏有平炮攻马凶着,黑防线崩溃。

24. ……　　　　卒7进1　　**25.** 炮五平三

致命一击,结果红胜。

②车二平四——第26届"五羊杯"象棋冠军邀请赛湖北汪洋对黑龙江赵国荣局例(接图1-9-4):

17. 车二平四　　车4退6　　**18.** 帅五平四　　马5进7

19. 车八进三　　……

如改走车四平三,则车4平6,帅四平五,车6平3,车三退一,卒5进1,车三平六,车1平2,车八平七,炮3平9,车六平一,炮9平8,车一平二,炮8平9,车二退三,炮9进3,相三进一,车2进4,黑可对抗。

19. ……　　　　车1平3

黑方弃车砍马,保持局势平衡的有力之着。

20. 车四平七　　车4平6　　**21.** 炮五平四　　马7退5

黑方退马捉车,巧妙!

22. 车八平七　马5进3　　**23.** 车七平五　车6进4

24. 相三进五　车6退1

黑如改走象3进5,则车五平六,黑右马受攻,红车可占据卒林,黑方有所顾忌。

25. 车五平六　马3退5　　**26.** 帅四平五　卒3进1

27. 兵七进一　车6平3　　**28.** 炮四平三　卒1进1

黑可考虑先走马5进3,如红接走炮三进四,象3进5,先巩固阵势,再图进取为宜。

29. 炮三进四　车3平5　　**30.** 车六平四　马5进3

以后,双方兑车两难进取,握手言和。

【小结】　本局红两头蛇对黑左横车分边炮式,列举了红方的两种战法:(1)变车二进六为老谱装"新酒",乃战略上取胜的局例,黑若应对得当,可与红方对抗。(2)变红马三进四则较为流行,演至图1-9-2形势,列举红方两变:(甲)炮八进五伸炮邀兑乃稳健战法,黑若应对无误,亦可与红方抗衡;(乙)炮八进七,双方对攻激烈,变化复杂,所举①②两战例,其布局值得回味与借鉴。

总之,顺炮直车对横车红两头蛇黑左横车分边炮布局,目前正在向纵深发展,业余和专业高手都在继续研讨,其性能优劣与否,一时难下结论,尚待更多的实战检验。

第三节　顺炮直车对缓开车

第1局　黑右炮过河与提右横车

1. 炮二平五　炮8平5　　**2.** 马二进三　马8进7

3. 车一平二　卒7进1

黑方先挺7卒,克制红方右马,形成缓开车布局阵势,兼有柔中带刚、灵活多变的战术特点。

4. 马八进七　马2进3

黑方先进正马较为工整,如改走卒3进1,则车二进四,黑方形成两头蛇阵势,详见以下介绍。

5. 兵七进一(图1-10-1)　……

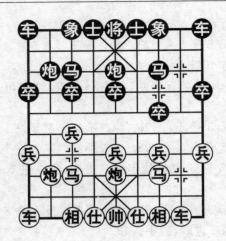

图 1-10-1

　　红方兵七进一是常见的下法,如改车二进四,黑方顺势车 9 平 8 邀兑,以下红如车二平七,黑有象 3 进 1 和炮 2 退 1 两种选择,均可从容应战。

　　如图 1-10-1 形势,黑方有(1)车 1 进 1 提右横车、(2)炮 2 进 4 右炮过河两种着法,均属主流套路,各有不同变化,分述如下:

　　(1)车 1 进 1——"伊泰杯"全国象棋个人锦标赛第 6 轮中国通讯潘振波对河北申鹏局例:

　　5.······ 　　　　　车 1 进 1 　　**6. 炮八进一** 　······

　　红进左炮准备平七路威胁黑方右马,是针对性较强的下法。如改走炮八平九,则黑炮 2 进 4,车九平八,炮 2 平 3,黑方可以满意。

　　6.······ 　　　　　车 9 进 1

　　黑走双横车是申鹏大师喜爱的走法。一般走象 3 进 1,炮八平七,炮 2 进 4,车九平八,车 1 平 2,仕四进五,车 9 进 1,车二进四,车 9 平 4,双方对峙,使右翼子力免受攻击。

　　7. 炮八平七 　　车 1 平 6 　　**8. 车九平八** 　······

　　出车牵制黑右翼子力,正着。如急于走兵七进一,车 6 进 3,兵七进一(如兵七平六,车 9 平 3,兵六进一,车 6 平 3,炮七进三,马 3 退 5,车九平八,前车进 3,车八进七,后车平 4,黑方足可应战),车 6 平 3,兵七进一,车 3 进 2,兵七平八,车 3 进 1,红方虽多一兵过河,但子力位置较差,局面仍属黑方易走。

　　8.······ 　　　　　车 6 进 4 　　**9. 车八进四** 　······

　　亦可考虑兵五进一,黑如接走车 9 平 4,则红炮七进三,象 3 进 1,马三进五,车 4 进 5,车八进四,红方占先。

9. ……　　　车9平4　　**10.** 仕四进五　卒3进1

11. 兵三进一　……

红弃三兵准备弃子抢攻，着法过于强硬。不如兵五进一，车4进5，炮七进二，象3进1，炮七进一，车4平7，马三进五，为宜。

11. ……　　　车6平7　　**12.** 相三进一　车7进2

13. 兵七进一　炮2平1

平炮嫌缓。可改走车7平9吃相，红如接走兵七进一，车4进5，炮七进四，车4进2，车卡相腰捉炮，双方对攻，黑势不弱。

14. 炮七进四　车4进1

现若改走车7平9吃相，为时已晚，以下红炮七平三，炮1平7，炮五进四，士4进5，马七进六，红方占优。

15. 炮七平五　炮1平5　　**16.** 马七进六　炮5进4

17. 车二进三　……

红可以退为进杀个回马金枪！试演如下：马六退七，车4进5（如车7退1，则马七进五，车7平5，车二进三，红方占先；又如炮5退2，则兵七平六！车4进2，马七进五踩双车，红方胜定），车八平五，车4平3，车五退一，象3进5，车二进六，红优。

17. ……　　　炮5退2　　**18.** 马六进五　马7进5

19. 车二进三　车4进1　　**20.** 车二平四　士4进5

21. 帅五平四　将5平4　　**22.** 车八平七　车4进3

23. 兵七平六　象7进5　　**24.** 兵六平五　马5进3

25. 车四退二　车7平9

黑方贪吃边相，造成右马陷入困境，应改走车7退1，足可一战。

26. 车四平六　车4退1　　**27.** 车七平六　将4平5

28. 兵五平六　马3进2

黑如改走马3退2，则车六平八，马2退4，车八平七，象3进1，兵六进一，将5平4，炮五平六，黑马也难逃厄运。

29. 车六平七　将5平4　　**30.** 车七退一　马2进1

以下黑马被捉死，红方胜。

(2) 炮2进4（接图1—10—1）

5. ……　　　炮2进4（图1—10—2）

进右炮过河，是后手方缓开车的一种主要变着。

如图1—10—2形势，红方有（甲）马七进六、（乙）马七进八两种攻法，分述

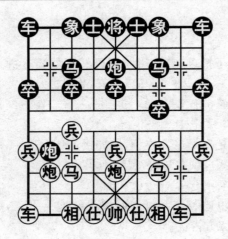

图 1－10－2

如下：

（甲）马七进六

6. 马七进六 ……

进河口马是 20 世纪 80 年代的着法。现在多走马七进八跳外肋马封车，变化详见下局。

6. …… 炮 2 平 7 **7. 车九平八** ……

以下黑方有①车 1 平 2 和②车 9 进 1 两种变着，分述如下：

①车 1 平 2——全国象棋个人赛男子甲组第 2 轮北京靳玉砚对吉林陶汉明局例：

7. …… 车 1 平 2 **8. 炮八进四** 车 9 进 1

9. 仕四进五 ……

红补仕固防，寻求变化。以往多走马六进五，则车 2 进 3，车八进六，马 3 进 5，兵五进一，马 5 进 6，炮五进五，象 7 进 5，以下红有车二进二、马三进五或马三退五等下法，红方较为易走。

9. …… 车 9 平 2

双车夺炮，兑子抢先，佳着！

10. 炮八平五 马 3 进 5 **11. 车八进八** 车 2 进 1

12. 马六进五 卒 7 进 1 **13. 马五进三** ……

黑方布局呈反先之势，兑马后使三路马受制。如改走相三进一，则炮 7 平 1，马五进三，炮 5 进 5，相七进五，炮 1 进 3，相五退七，车 2 进 8，相七进五，车 2 退 7，相五退七，车 2 平 7，黑方占优。

13. ……　　炮 7 退 4　　**14.** 马三退四　　车 2 进 5

15. 炮五进五　　象 3 进 5　　**16.** 相三进五　　卒 7 进 1

17. 车二进六　　车 2 平 5　　**18.** 车二平七　　车 5 平 1

19. 车七平一

经过兑子,局势虽简化,但红马受制,黑车炮卒占有空间优势,结果黑胜。

②车 9 进 1——"船山杯"全国象棋等级赛湖南孙浩宇对河南武俊强局例:

7. ……　　车 9 进 1　　**8.** 炮八平七　　车 9 平 4

9. 马六进七　　车 4 进 2　　**10.** 相三进一　　车 1 平 2

11. 车八进九　　马 3 退 2　　**12.** 车二进四　　炮 5 平 3

13. 兵九进一　　象 3 进 5　　**14.** 马七退六　　炮 3 进 5

15. 马六退七　　车 4 进 4　　**16.** 马七进八　　马 2 进 3

黑方此手应改走马 2 进 4,较有抗衡机会。

17. 马八进七　　士 4 进 5　　**18.** 车二平四　　车 4 退 3

应改走炮 7 平 8 免受牵制为宜。

19. 车四退一　　马 7 进 8　　**20.** 兵五进一　　车 4 平 2

黑方马炮被牵,顿陷窘境,此时已无好棋可走。

21. 车四平七　　卒 9 进 1　　**22.** 仕四进五　　车 2 平 4

23. 炮五平七　　马 3 退 2　　**24.** 兵七进一

红兵渡河助战,明显占优,结果胜。

(乙)马七进八——"西乡引进杯"全国象棋个人锦标赛第 2 阶段第 1 轮四川谢卓淼对河南李少庚局例(接图 1 - 10 - 2):

6. 马七进八　　……

红进外肋马封黑右车,是一种稳步缓攻战法。

6. ……　　车 9 进 1　　**7.** 车九进一　　车 9 平 4

8. 仕四进五　　……

红补右仕防止黑进车于士角捉炮,意在稳步进取,目前甚为流行,也有车九平七的选择。

8. ……　　炮 2 平 7　　**9.** 车九平七　　象 3 进 1

10. 兵五进一　　……

冲中兵伏车七进二捉炮的先手。也有相三进一或马八进七的下法,亦很稳健。

10. ……　　士 4 进 5　　**11.** 马八进七　　……

如改走车七进二,卒 7 进 1,马九进七,车 4 进 2,兵七进一,象 1 进 3,炮八进二,车 4 平 3,炮八平三,红方先弃后取,稍占先手。

11. ……　　　车 4 进 2　　　**12.** 兵七进一　象 1 进 3

13. 车七进四　车 1 平 2　　　**14.** 炮八平七　……

也可改走炮八平六,伏车七平二吃卒的先手。

14. ……　　　车 2 进 6　　　**15.** 车二进三　……

红方进车旨在防黑方炮 7 平 3 以炮换马的手段。红亦选择马七进九奔槽进攻的下法。

15. ……　　　卒 7 进 1　　　**16.** 兵五进一　……

冲中兵是坏棋! 应走马七进九,黑则炮 5 平 1,车七进二,炮 1 进 4,双方对攻。

16. ……　　　炮 5 进 2　　　**17.** 马七进九　将 5 平 4

红马奔槽被黑出将叫杀,使得形势迅速恶化,红应改走车七退一顽强抵抗为宜。

18. 帅五平四　……

如改走马三进五,则黑车 2 平 5,车七进二,车 5 平 3,闪击,解杀还杀黑方速胜。

18. ……　　　车 4 进 6!

弃车杀士,精彩入局,犹如古谱《橘中秘》的杀法! 黑如误走车 2 平 6,红则炮五平四,车 4 进 6,帅四进一! 车 4 退 7,炮七平六,反而不好应付。

19. 帅四进一　……

红上帅败着,还应改走仕五退六去车尚可支撑,试演如下:仕五退六,车 2 平 6,炮五平四,车 6 进 1,帅四平五,象 7 进 5,车七平五,卒 5 进 1,相三进五,车 6 退 1,虽为黑优,但有周旋余地。

19. ……　　　车 4 退 7

至此,黑方占优,结果胜。

【小结】 此布局黑提右横车与右炮过河皆为缓开车的主流套路。所列:(1)变黑以双横车对付红升左炮战法可取,从实战看,黑方要继续推敲使之完善,方能久经红方的挑战与考验;(2)变黑右炮过河,所列(甲)变①②两例:红马七进六系老式战法,①局红第 9 回合补仕待机,易落下风;②局黑第 16 回合若改走马 2 进 4,则可与红方抗衡;(乙)变红进外肋马是稳步进取的缓攻战法,双方围绕黑方 3 路线展开激烈争夺,所列局例,红方应对得当,双方各有千秋。

第 2 局　黑两头蛇式

1. 炮二平五　炮 8 平 5　　**2.** 马二进三　马 8 进 7

3. 车一平二　卒 7 进 1　　**4.** 马八进七 ……

如改走兵七进一,则车 9 进 1,马八进七,卒 3 进 1,兵七进一,车 9 平 3,马七进六,车 3 进 3,马六退八,车 3 退 2,开局平淡,黑可满意。

4. ……　　　　卒 3 进 1

黑进 3 卒形成"两头蛇",是缓开车布局中的新变着。通常多走马 2 进 3,则兵七进一,炮 2 进 4,形成常规的攻守变化,见上局。

5. 车二进四 ……

升车巡河是改进之着。曾有人走炮八平九,则马 2 进 1,车九平八,车 1 平 2,车二进四,车 9 平 8,车二进五,马 7 退 8,炮五进四(车八进四,炮 2 平 3),士 6 进 5,兵五进一,马 8 进 7,炮五退一,炮 2 进 4,黑方反先。

5. ……　　　　车 9 平 8　　**6.** 车二平六　车 8 进 6

7. 兵三进一!(图 1-11-1) ……

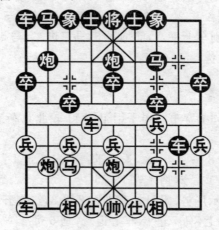

图 1-11-1

此时兑三兵乃创新下法,为柳大华特级大师所创。以往曾走兵七进一,车 8 平 7,马七退五,车 7 退 1,车六进四,马 2 进 3,相七进九,卒 3 进 1,车九平七,马 7 进 6,车七进四,车 7 平 3,相七进九,马 6 进 5,马三进五,炮 5 进 4,黑优。

如图 1-11-1 形势,黑方有(1)马 2 进 3、(2)车 8 平 7 两种变着,分述如下:

(1)马 2 进 3——"蒲县煤运杯"全国象棋个人锦标赛男子甲组第 5 轮湖北

柳大华对广东宗永生局例:

7. ……　　　　马2进3

如改走车8平7,则炮五退一,变化见下例。

8. 兵三进一　车8平7　　**9.** 炮五退一　车7退2

10. 炮五平三　车7平4　　**11.** 兵七进一!　……

巧手!此局面下的好棋!也是第7回合兑三兵的连贯动作。如改走车六进一,则马3进4,红无趣。

11. ……　　　　卒3进1

如走车4进1,马七进六,卒3进1,炮三进六,卒3平4,炮三平七,红方多子占优。

12. 车六平七　马3退5　　**13.** 相七进五　象3进1

14. 仕六进五　车1平3　　**15.** 车七进五　象1退3

16. 马七进八　车4退2　　**17.** 炮八平六　马7进6

18. 车九平七　炮5进4　　**19.** 车七进三　炮5退1

20. 马八退六　炮5平4

如改走车4平6,则马六进七,炮5退1,车七平六,亦红优。

21. 马六退四　炮4平2　　**22.** 车七进二　马6进5

如改走马5进7,则车七平八,前炮平8,马三进二,马6进8,炮三进八,士6进5,马四进三,红方大优。

23. 马四进五

红方优势,结果胜。

(2)**车8平7**——同上赛事。男子甲组第11轮北京靳玉砚对浙江邱东局例(接图1-11-1):

7. ……　　　　车8平7　　**8.** 炮五退一　车7退1

9. 车六进三　车1进2(图1-11-2)

如图1-11-2所示形势,黑另如改走炮2平3,红炮五平三,车7平2,炮八进七,车1平2,车六平七,马7进6,车七退二,马6进4,马七退五,红方多子占优。这是"威凯房地产杯"全国象棋排名赛杨德琪对臧如意的实战着法。

10. 炮八进七　士6进5　　**11.** 车六平七　车7进2

12. 车七进二　车1退2　　**13.** 车九平八　士5进4

14. 炮五进一　卒3进1

如改走卒7进1,红车八进六,然后车八平六入局。黑亦败势。

15. 兵七进一　炮2平3　　**16.** 兵七进一　炮3进5

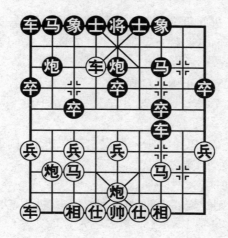

图 1 - 11 - 2

17. 兵七平六　炮 3 平 4　　**18.** 兵六进一　士 4 退 5

19. 车七退六　车 1 平 2　　**20.** 车八进九

红方优势,结果胜。

【小结】 此布局顺炮直车对缓开车两头蛇,所列黑方两种变化皆不理想。红方的新变着十分成功,开局一路领先。(1)变红第 11 回合兑七兵的巧手可圈可点;(2)变红方第 9 回合车六进三后,黑已成败势,黑方布局亟待改进。

第3局　顺炮直车对缓开车最新变例
——红直横车对缓开车右炮过河压马

1. 炮二平五　炮 8 平 5　　**2.** 马二进三　马 8 进 7

3. 车一平二　卒 7 进 1　　**4.** 马八进七　马 2 进 3

5. 兵七进一　炮 2 进 4　　**6.** 车九进一　……

红高左横车针对黑右炮过河布置线失调,伺机侵扰黑双马,是一步新变着。

6. ……　　炮 2 平 3　　**7.** 相七进九　车 1 平 2

8. 车九平六　车 2 进 6

黑车过河着法强硬。如走炮 2 平 7,则红车六进四骑河争先,红势不错。

9. 车六进六　士 6 进 5

黑马弃子变例,联系了中炮对屏风马黑双炮过河弃马的思路,想法虽好,但盘面相差甚远,由于变化复杂,优劣难断。

10. 车六平七　炮 5 平 6

黑卸中炮,伏象7进5再炮6进5串打的手段。是马三退五多子防守,还是车七进二杀象以攻代守,这两种方案都可供红方选择。

11. 车七进二 ……

吃象对杀,以攻代守乃正确的选择。

11. …… 象7进5 **12. 车七退一** 炮6进5

13. 车七退一 ……

缺象攻象,着法正确,思路清晰。如误走车二进七,则炮6退6,车七退一,炮六进一,打双,红必丢车,黑方占优。

13. …… 炮6平3

如改走马7进6,则红炮五进四,炮6平2,车二进八,伏穿心杀,黑更不利。

14. 车七平五 前炮平1 **15. 炮五平九** 马7进6

16. 车五退一 车2进1 **17. 炮九进四(图1-12-1)** ……

至此,经过兑子转换,形势虽属各有顾忌,但黑车毕竟未出,当属红方略优,如图1-12-1。

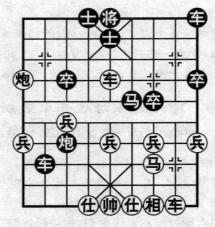

图1-12-1

17. …… 马6进4

不如改走炮3进3,仕六进五,炮3平1,炮九退六,车2进2,仕五退六,车2平1,虽处下风,但黑马灵活,和棋有望。

18. 车五平六 马4进6 **19. 车二进一** 炮3进3

20. 仕六进五 车9平6 **21. 相三进五** 炮3退2

22. 相五退七

结果红胜。(选自大连金波先胜河南李少庚的实战着法)

【小结】 此布局双方对杀激烈,变化复杂,黑方弃马构思饶有趣味,其对局内容丰富,一时难下定论。

第四节 顺炮缓开车对直横车

第1局 两头蛇对直横车

1. 炮二平五 炮8平5 **2.** 马二进三 马8进7

3. 兵三进一 ……

红缓开车先进三兵,独具一格,其目的在于不让黑方走成"缓开车进7卒"的流行套路。

3. …… 车9平8 **4.** 马八进七 马2进3

另有卒3进1的应法,效果欠佳。以下:炮八进四,马2进3,炮八平七,车1平2,车九平八,红方主动。

5. 兵七进一 车1进1

至此形成顺炮缓开车两头蛇对直横车布局阵势。黑出动横车策应前沿是对抗"两头蛇"的常用战术。如改车8进4,则车一平二争先,黑挺卒邀兑活马计划难以实现。

6. 车九进一 车1平4 **7.** 车一进一(图1-13-1) ……

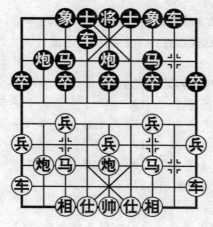

图 1-13-1

如图1-13-1形势,黑方有(1)卒3进1、(2)车8进4两种着法,分述如下:

(1)**卒 3 进 1**——"西乡引进杯"全国象棋个人锦标赛男子组第 1 阶段第 6 轮浙江陈寒峰对湖北程进超局例：

7. ……　　　　　　卒 3 进 1

弃卒是步新变着。以往多走车 4 进 5，车九平六，马三进四或车一平六等，红方机会较多。

8. 兵七进一　车 8 进 4　　　**9. 兵七进一**　车 8 平 3

红冲兵逼马嫌急，应以改走车一平六兑车为宜。

10. 兵七进一　车 3 退 2　　**11. 车一平七**　车 4 平 3

12. 炮八平九　……

如改走马三退五，炮 2 进 4，下伏前车进 4，红方中路受攻，难以应付。

12. ……　　　　前车进 5　　**13. 车七进一**　车 3 进 6

14. 炮九进四　车 3 退 4　　**15. 车九平八**　炮 2 平 1

16. 炮九平八　炮 1 平 3　　**17. 车八退一**　炮 3 进 7

18. 仕六进五　士 6 进 5　　**19. 兵九进一**　炮 3 退 4

黑方满意。

(2)**车 8 进 4**——同上赛事。女子组第 1 阶段第 6 轮河北尤颖钦对广东欧阳婵娟局例：

7. ……　　　　车 8 进 4　　**8. 车一平六**　车 8 平 4

9. 帅五进一　　后车进 1　　**10. 车六进四**　车 4 进 2

11. 车九平六　车 4 平 8

以上双方主力车围绕着黑方河沿线展开了激烈争夺，弈得十分精彩。现黑车无奈离开肋道，这一战役以红方的胜利黑方的退让而告结束。

12. 车六进五！……

进车卒林威胁黑方右马，紧凑之至。

12. ……　　　　炮 5 平 6　　**13. 车六平七**　象 7 进 5

14. 帅五退一　炮 2 退 1　　**15. 马七进六**　车 8 平 4

16. 炮八进二　炮 2 平 3　　**17. 车七平八**　炮 3 平 6

18. 炮五平六　车 4 平 5　　**19. 炮六平五**　车 5 平 4

20. 炮五进四　士 6 进 5　　**21. 炮五退二**

红方多兵占优。

【小结】　此布局顺炮缓开车两头蛇对直横车式，列举了黑方的两种走法：孰优孰劣，一目了然。(1)变卒 3 进 1 新着构思巧妙，其先弃后取战术，运用自如，可圈可点，布局取得成功；(2)变黑左车巡河，本分之着，双方沿河一战精彩纷呈，其中红方御驾亲征,顿使局面开阔有利,耐人寻味,值得借鉴。

第2局　双横车对双横车

1. 炮二平五　炮8平5　　**2.** 马二进三　马8进7

3. 兵三进一　车9进1

黑起左横车是一种趣向,可解释为:(1)黑方喜爱横车战法;(2)黑方希望红接走车一平二,则车9平4,马八进七,以下黑马2进3或卒3进1,形成常规的顺炮直车对横车的布局阵势,可从容应战。

4. 马八进七　车9平4　　**5.** 车一进一　……

红起右横车意在不落俗套,但在黑横车已抢占要道之时,是否合时宜,值得商榷。如改走兵七进一,炮2平3!马七进八,车4进4,炮八平九,马2进1,马八进九,炮3退1,车九平八,车4平3,车一进一,卒7进1,兵三进一,车3平7,车一平六,炮3平7,马九进七,士6进5,兵三平四,车7退2,车八进四,车7平8,车八平六,炮5平4,前车平四,象3进5,兵四进一,车1平3,对抢先手,黑方主动(选自"椰树杯"象棋超级排位赛宗永生对蒋川的实战)。

5. ……　　　　卒3进1

黑先挺3卒开通马路兼制红方马头,是一步新变着,好棋!常规多走马2进3,则红兵七进一。以下介绍黑方两种着法:(1)车4进5,相七进九,车4平3,车九平七,车1进1,车一平六,卒3进1,炮八进四(若红方六路车是直车的话,则完全与顺炮直车两头蛇黑双横车的开局雷同),红方先手;(2)车1进1,炮八进二,车1平3,马三进四,卒3进1,兵七进一,马3进4,马四进六,车3进4,马六进五,车3进2,马五退三,车4进4。至此,黑方效仿著名的"马后藏车"战法,取得足可抗争的局势。

6. 车九进一　马2进3　　**7.** 车一平六　车1进1(图1-14-1)

如图1-14-1形势,黑方已经取得十分满意的盘面。若此时双方兵卒互换成红挺七兵黑进7卒,则局势就大相径庭,读者不妨摆棋自演,以下红接走炮八进二已成必然,局面显然红优于黑,由此可见黑方第5回合卒3进1的奇妙之处了。

8. 炮八进四　马3进2　　**9.** 马三进四　……

红应改走炮八平七护兵为宜。

9. ……　　　　马2进3　　**10.** 炮五退一　……

红方退炮忽略黑炮击中兵的攻着!应改走仕六进五,暂无大碍。

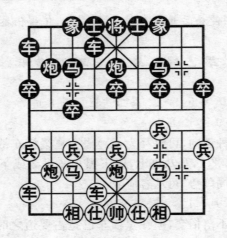

图 1-14-1

10.······ 　　炮5进4　　**11. 马七进五** ······

红马踩炮弃车风险太大,应改走马四退五,兑子后红方还可应战。

11.······ 　　马3进4　　**12. 马五进六** 　炮2平5

13. 车九平六 　车4进2　　**14. 炮八退四** 　卒5进1

15. 炮五进六 　象7进5　　**16. 炮八平六** 　车4平2

17. 马六进七 　车1平3　　**18. 马四进六** 　马7进5

黑方进马邀兑,这是赚卒后以多拼少的硬兑战术。

19. 马七退五 　车2平5　　**20. 车六平四** 　卒3进1

黑方占优,结果胜。

【小结】　此布局红方采用了极为少见的"双横车对双横车"的新鲜阵势。笔者介绍此布局,旨在纳新并和大家共赏。其中布局至第5回合,黑方卒3进1开通马路兼制红方马头的新变佳着,含蓄有力,使阵形协调、攻守皆宜。从实战看,红方较难控制局势。

第五节　小 列 手 炮

第1局　红车急进过河

——黑弃马新变与平炮兑车新着

1. 炮二平五 　马8进7　　**2. 马二进三** 　炮2平5

3. 车一平二 　车9平8

至此双方形成小列手炮布局阵势。古谱《橘中秘》的开局次序是:(1)炮二平五,炮2平5。(2)马二进三,马8进7,称小列手炮;如改走马8进9(左马屯边),则称大列手炮。

4. 车二进六(图1-15-1) ……

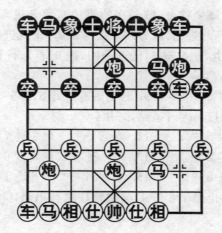

图1-15-1

如图1-15-1形势,黑方有(1)马2进3、(2)炮8平9两种变着,分述如下:

(1)**马2进3**——"怡莲寝具杯"全国象棋个人赛女子组安徽赵冬对上海欧阳琦琳局例:

4. ……　　　　马2进3

黑方置右马被压于不顾,径跳右正马,着法别开生面。以往黑方的主要应着是平炮兑车,详见下文。

5. 车二平三　车1平2　　6. 炮八平六 ……

红方平炮仕角! 中套! 正确的下法是:马八进七,黑马7退5,车九进一,炮8进2,兵七进一,炮8平5,炮八进二,车2进4,兵三进一,卒3进1,兵七进一,车2平3,车九进一,车8进8,仕六进五,车8平7,马三进四,红方略先。

6. ……　　　　车2进8!

黑方接走压马车! 弃子夺势,势在必行! 此步源于古谱《橘中秘》中的"列炮弃马局"! 黑如示弱改走马7退5,则红马八进七,阵形工整,黑方不能满意。

7. 车三进一　炮8进7!

沉底炮抢攻乃黑方弃马战术的继续和精华所在! 由此,红方的后防处于极度危险之中。

8. 炮五退一　……

红退窝心炮意在阻黑车横移并准备圆相,也是无奈之举。如改走马三退二,则黑炮 5 进 4,仕六进五,车 8 进 9 叫杀。炮六退二(这是古谱《橘中秘》为红方设计的解着。如又改走车三平四,车 8 平 7,车四退六,车 7 退 3,红虽暂解燃眉之急,但子力全部处于瘫痪状态,败局在所难免),象 3 进 5!(黑如急于车 8 平 7,车九进一!下步再马八进七,红方解杀反夺优势)车九进一,车 2 平 1,马八进七,炮 5 平 9!马七进九,炮 9 进 3,仕五进四,炮 9 平 7,仕四进五,炮 7 平 4,仕五退四,炮 4 平 6,黑方胜势。

8. ……　　　　炮 8 平 9　　9. 相七进五　马 3 退 5

退马捉车,为平炮打马闪开道路,好棋!

10. 车三退一　炮 5 平 2　　11. 炮五平一　炮 2 进 7

12. 仕六进五　车 2 退 1　　13. 炮一进五　炮 9 退 6

14. 车三平一　马 5 进 3　　15. 车一退一　车 8 进 1

红退车骑河,既阻止黑车 8 进 4,又封锁住黑马出路,弈法顽强;黑抬车右调助战,也是必然之着。

16. 兵三进一　……

应考虑走车一平六,借攻击黑马之机增援左翼。

16. ……　　　　象 3 进 5　　17. 兵七进一　车 8 平 2

18. 马三进四　卒 3 进 1

弃卒精细,为以后活通马路铺垫一着。

19. 兵七进一　前车平 3　　20. 兵七平六　车 2 进 7

21. 兵六进一　马 3 进 2　　22. 兵六进一　马 2 进 4

23. 兵六进一　马 4 进 2　　24. 车一平六　士 6 进 5

25. 马四进五　车 3 进 2　　26. 炮六退二　车 3 退 6

黑抽马得子,红主动认负。

(2)炮 8 平 9——"锦州杯"全国象棋团体赛女子组第 1 轮云南赵冠芳对上海欧阳琦琳局例(接图 1－15－1):

注:前三个回合的行棋次序,同古谱战法,以下殊途同归。

4. ……　　　　炮 8 平 9　　5. 车二进三　……

红方接受兑车,着法简明,使局势趋向缓和,是现代流行的战法。如改走车二平三,则车 8 进 2,炮八进二,车 1 进 1 或马 2 进 3,双方攻守复杂,黑有抗衡之机。

5. ……　　　　马 7 退 8　　6. 马八进七　马 2 进 3

7. 车九平八　车1进1　8. 炮八进六! ……

进炮拦车,是针对性较强的走法。

8. ……　　　　　卒3进1　9. 兵三进一　卒1进1

互进三兵、卒活通右马,是目前流行的变化。现黑进边卒准备大出车,也有补左士的走法,则另具攻防变化。

10. 马三进四　卒1进1　11. 马四进五　马3进1

12. 炮八退二　马1进2　13. 车八进二　车1平3

黑如改走马2进3,则车八平七,炮5进4,仕六进五,象7进5,黑可战。

14. 兵九进一　马2进4　15. 车八退一　卒3进1

16. 兵七进一　车3进4　17. 车八平六　炮9进4

18. 马七进六　炮5进4

这一段黑方自车1平3后,奔马窥槽兑卒通车,双炮齐发,弈来井井有条,大有反先之势。

19. 仕四进五　炮9进3

沉炮急攻,有勇无谋。应改走象7进5补一手,试演如下:红如接走马六进四,车3平5,马四进六,车5平2,马六进七,将5进1,马五进七,将5平6,后马退六,车2平7,相三进一,车7平8,马六退五,车8进4,仕五退四,车8平6,帅五进一,车6退1,帅五退一,车6平4,黑胜。

20. 相三进一　马4进5(图1-15-2)

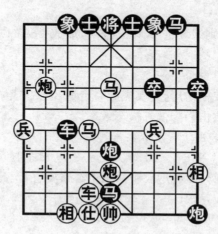

图1-15-2

马踏中仕乃速败的无奈之招,局面至此,黑别无他法,见图1-15-2。

21. 帅五平四 ……

出帅正着。如随手走仕六进五,则车 3 进 4,车六退一,炮 9 平 4,黑反败为胜。

21. …… 马 5 退 7 　　**22.** 车六平三 　士 6 进 5

23. 车三进一 　炮 5 退 2 　　**24.** 车三平四! 车 3 平 4

25. 车四进三 　车 4 进 4 　　**26.** 帅四进一 　炮 9 平 5

立溃! 应改走车 4 退 6,尚可坚持。

27. 马五退七! 　象 7 进 5 　　**28.** 炮八平五 马 8 进 7

29. 车四进二

至此黑方难应,红胜。

【小结】 此布局(1)变黑弃马新着致使红方中套落败,第 6 回合应改走马八进七为正,列炮弃马陷阱,以此局为鉴;(2)变红伸炮拦车,黑方边线突破战术可取,就此局而言,后手方的布局可行。鉴于小列手炮布局在全国大赛中对弈的实践还不多,故还需进一步研究和实战的检验。

第 2 局　红右横车对黑右横车新变例

1. 炮二平五 　马 8 进 7 　　**2.** 马二进三 车 9 平 8

3. 马八进七 　炮 2 平 5 　　**4.** 车九平八 马 2 进 3

5. 车一进一 ……

如改走车一平二,则炮 8 进 4,兵三进一,形成常见的中炮对左炮封车转半途列炮。

5. …… 车 1 进 1

黑也抬右横车走成模仿形,其实黑此时走炮 8 平 9 或卒 7 进 1 较为精确,从而使左马免受红横车攻击而降低红横车效率。

6. 车一平四 　车 8 进 1 　　**7.** 兵七进一 卒 7 进 1

8. 马七进六 　车 1 平 6 　　**9.** 车八进一 炮 8 进 4(图 1-16-1)

如图 1-16-1 形势,黑进炮攻中兵正中红棋要害,至此,黑方已反先。

10. 车四平六 　马 7 进 6

11. 马六进四 　车 6 进 3 　　**12.** 炮八平七 ……

应以改走车六进六骚扰黑阵试探应手为宜。

12. …… 车 8 进 4 　　**13.** 车八进三 ……

用车保兵实属无奈,如炮七进四,象 3 进 1,车六进六,以下黑有两变:(1)炮

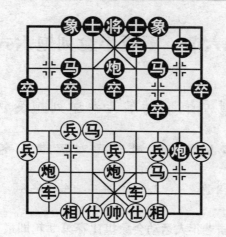

图 1-16-1

5进4,炮五进四,炮5退1,车六平五(车八进七,炮8平1,车六平五,士6进5,车五进一,将5平6,红无杀,不行),士6进5,车五平二,马3进5,车二退三,马5进6,黑处胜势。(2)炮8平5,炮五进四[仕四进五,士6进5,车六退四(车六平七,将5平6,车八进二,车8进4,红崩溃),车6进3,黑大优],士6进5,马三进五,车8平5,先弃后取,黑优。

13.……   士6进5   14. 车六平二   将5平6

若走炮8平5,马三进五,炮5进4,炮五进四,马3进5,车二进三,黑丢子。

15. 仕四进五   炮5进4   16. 车八退一   炮5退2

17. 炮七进一   车6进3   18. 车二退一   ……

造成速败,应炮七平二,车6平7,车八平四,将6平5,车二退一,虽处下风,但不致速败。

18.……   车8平6   19. 炮七平五   前车平7

红方失子失势,黑胜(选自厦门蔡忠诚先负沈阳金松之战)。

【小结】 此局短小精悍,布局演至如图1-16-1形势,黑已反先,红方始终没有一子过河,重演此局,红需谨慎。

第六节　新版半途列炮六式

A 式：中炮对左炮不封车转半途列炮变例

第 1 局　红进三兵对黑挺 3 卒

1. 炮二平五　马 8 进 7　　**2.** 马二进三　车 9 平 8

3. 兵三进一　……

这是安徽省第 2 届老年人运动会象棋比赛第 9 轮即最后一轮，笔者执后手对芜湖市杨宗文的一场斗炮大战。红方启用了抢进三兵缓开右车的布局战术，意在静观其变。

3. ……　　　　卒 3 进 1

对挺 3 卒，互相制约，是布局中的常规战术。

4. 车一平二　炮 2 平 5　　**5.** 马八进七　……

红如改走车二进六，则马 2 进 3，车二平三，车 1 平 2，马八进七，炮 8 进 4，下伏炮 8 平 7 弃子反击的战术手段，红方不愿选择此路变化，起左马加速左翼子力出动，着法稳健。

5. ……　　　　马 2 进 3　　**6.** 车二进五　……

红车骑河，既瞄黑方 3 路卒，又防黑炮 8 进 4 车被封压，看起来是好手，但不如车九平八，则黑车 1 平 2，炮八进四，炮 8 进 4，双方形成对称局面，红方仍持先手，较为稳健。

6. ……　　　　车 1 平 2（图 1－17－1）

至此，形成中炮进三兵对左炮不封车转半途列炮的布局阵势。

7. 兵三进一　炮 8 平 9

黑平炮兑车无奈。如改走卒 7 进 1，则红车二平三，马 7 退 5，车九平八，车 2 进 6，车三平七，炮 8 平 7，马三进四，下伏马四进五踏中卒的凶着，黑形势不利，红方占优。

8. 车二进四　马 7 退 8　　**9.** 兵三进一　车 2 进 6

红方后手渡河一兵，黑方抢到车 2 进 6 这手棋，形成右强左弱的盘面，得到一定补偿，也许是利弊参半吧。

10. 车九平八　炮 9 退 1

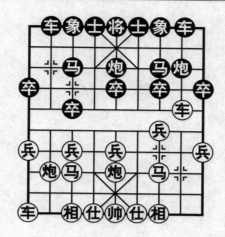

图 1-17-1

黑退左炮是此局面下的好手。如误走车 2 平 3,则红炮八进四,亦伏炮八平七弃马抢攻的手段,黑方难以应付。

11. 炮八平九　车 2 平 3　　　**12.** 马七退五　……

临枰红方退窝心马的设想是:既防黑炮 9 平 7 的攻着,下一手又有炮九平七牵制黑方 3 路线的手段,但从以下实战看,应改走车九进二保马,才是正确应对方法。

12. ……　　　　炮 9 平 5!

叠炮轰城! 着法凶悍,针对性极强的一手!

13. 车八进六　马 3 进 4　　　**14.** 炮五进四　卒 3 进 1

15. 车八平六　马 4 进 5　　　**16.** 炮九平五(图 1-17-2)　……

红方再架中炮,速败之着! 如图 1-17-2。但如改走相三进五,则黑马 5 退 6,车六平八,马 6 进 4,炮五进二,马 4 进 6,炮九退一,车 3 进 2,成绝杀! 红亦败;只有改走马三进五,则黑车 3 平 5,炮五进二,士 6 进 5,兵三平四,马 8 进 7,炮九平五,才能免遭劫难,虽为黑优,但不致立溃。

16. ……　　　　马 5 退 7!

致命性的一击! 顿使红方捉襟见肘!

17. 后炮进五　后炮进 2!　　　**18.** 马五进六　车 3 平 4!

弃车砍马迅速入局,绝妙!

19. 车六平五　……

如改走车六退三,则黑马 7 进 6,帅五进一,马 6 退 4,帅五平四,象 7 进 5,黑多两子胜定。

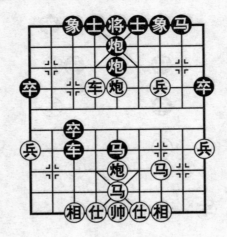

图 1-17-2

19. ……	马7进6	20. 帅五进一	象7进5
21. 车五退四	马6进7	22. 马三进四	车4平6
23. 马四进六	车6进3	24. 帅五平六	车6退3
25. 车五平六	车6进2	26. 仕六进五	车6平5
27. 帅六退一	车5退3	28. 马六进八	车5平4

黑方平车兑死红车,形成多子多卒的必胜局面,红方藩篱尽毁,结果认负。

第2局　红双直车对黑直横车

1. 炮二平五　马8进7　　**2.** 马二进三　车9平8

3. 车一平二　炮2平5

黑方立即反架中炮,也是一种走法,意在快速出动右翼子力。如改走炮8进4,则红兵三进一,炮2平5,马八进七,马2进3,兵七进一,车1平2,车九平八,以下黑车2进4或车2进6,形成常见的中炮正马双头蛇对左炮封车转半途列炮阵势,双方另有攻守,变化详见下局。

4. 马八进七　……

红方如改走车二进六,则黑炮8平9,车二平三,车8进2,以下黑有炮9退1再平7打车反击的手段,红方不如实战易于控制局势。

4. ……　　　马2进3　　**5.** 车九平八　车1进1

6. 车二进六(图1-18-1)　……

如图1-18-1形势,双方形成中炮双直车对左炮不封车转半途列炮布阵。

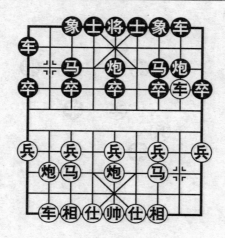

图 1－18－1

6. ……　　　　　炮 8 平 9

7. 车二进三　……

红方毅然兑车，不为所动，正着。如改走车二平三，正中黑方下怀，以后黑有炮 9 退 1 再平 7 路打车的反击手段，红方三路线受制。

7. ……　　　　　马 7 退 8　　**8. 兵七进一**　车 1 平 4

9. 马七进八　卒 7 进 1　　**10. 马八进七**　马 8 进 7

11. 炮八平七　车 4 进 2　　**12. 车八进五**　……

红车骑河瞄卒胁马，着法紧凑。

12. ……　　　　　炮 5 平 4　　**13. 仕四进五**　象 7 进 5

14. 兵五进一　……

冲中兵打开黑方中路防线，必然、及时之着，思路清楚，攻法得当。

14. ……　　　　　车 4 进 3　　**15. 兵五进一**　士 6 进 5

黑如改走车 4 平 3，则红兵五进一，马 7 进 5，车八平五，车 3 进 1，车五进一，士 6 进 5，马三进五，红方先手，占据主动。

16. 兵五进一　马 7 进 5　　**17. 车八平五**　马 5 退 7

18. 马七进五!（图 1－18－2）……

踏象入局，刻不容缓，红方优势进一步扩大。

18. ……　　　　　象 3 进 5　　**19. 炮七进五**　将 5 平 6

出将先避一手，必然，否则红车五进二硬杀中象，黑方速溃。

20. 炮五进五　炮 9 平 5　　**21. 车五进二**　马 7 进 6

22. 炮七进二　将 6 进 1　　**23. 炮七退一**　士 5 进 6

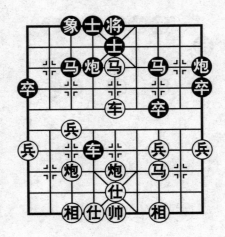

图 1-18-2

24. 车五退二　车 4 平 6　　**25.** 炮七退三　马 6 进 7

26. 炮七平三　炮 4 平 1

红方占优,结果胜。(选自傅宝胜先胜强德才的实战)

【小结】　中炮对左炮不封车转半途列炮的布局,也是实战中常见的阵势。列举了两局变例:负方的开局着法,因针对性不强而不够积极、充分,并且有迎合胜方意图之嫌,在对攻互缠中,很难驾驭战局。

B 式:中炮正马两头蛇对左炮封车转半途列炮——黑车 2 进 6 变例

第 1 局　红马盘河对黑马窝心

1. 炮二平五　马 8 进 7　　**2.** 马二进三　车 9 平 8

3. 车一平二　炮 8 进 4　　**4.** 兵三进一　炮 2 平 5

至此,形成左炮封车转半途列炮布局,许多好战的棋手喜爱这一战法。

5. 马八进七　马 2 进 3　　**6.** 兵七进一　车 1 平 2

7. 车九平八　车 2 进 6(图 1-19-1)

黑挥车过河,想避开车 2 进 4 巡河之老套路,寻求对杀,虽然凶悍,但亦有风险,如图 1-19-1。

8. 马七进六　马 3 退 5

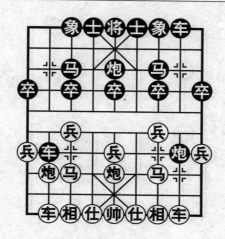

图 1-19-1

红马盘河,必然之着,如误走炮八平九,黑车 2 平 3,车八进二,车 3 退 1,炮五平六,卒 5 进 1,红方无趣,黑方主动;黑回马窝心腾出炮路,是在车 2 退 1 基础上做的重要改进。

9. 车二进一 ……

右车抬头,乃大师共研之精华!算度深远,精彩之至!注意老谱误区:如改走兵七进一,黑车 2 退 1,马六进五,炮 8 进 1!!车二进二,车 8 进 7,炮五平二,马 5 进 3(此时注意黑方误区:走马 7 进 5,红炮八平五!!车 2 进 4,炮五进四,炮镇窝心马,黑立溃),黑呈反先之势。

9. ……　　　炮 5 平 2　　**10. 兵七进一　车 2 退 1**

11. 马六进七(图 1-19-2)　……

红方马踏 3 路卒是这一新着的重要后续手段,以往多走马六退七,黑车 2 平 3,炮八平九,炮 2 进 4,黑方足可一战。如图 1-19-2。

11. ……　　　炮 2 进 5　　**12. 车二平八!　马 5 进 4**

黑如改走炮 2 进 2,红车八进三,炮 2 平 1,马七进八,炮 8 退 4,车八平六,红方弃子抢攻,占据主动。

13. 前车进一　车 2 平 7　　**14. 马七进六!　炮 8 退 4**

15. 炮五平七　马 4 进 3　　**16. 相七进五!　车 7 平 4**

如改走马 3 进 2,红炮七进七,士 4 进 5,相五进三,黑方右翼空虚受攻,红方优势。

17. 相五进七　车 4 退 4　　**18. 相七退五　　象 3 进 1**

19. 前车进六!　车 8 进 1

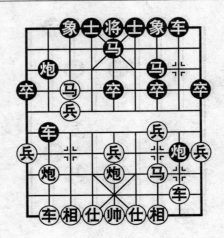

图 1-19-2

如改走车 4 平 2，红车八进八，象 1 进 3，车八平三，马 7 退 5，车三退二，炮 8 平 3，炮七平九，炮 8 平 3，炮七平九，红方大占优势；另如改走车 4 进 6，红炮七平八，红亦优。

20. 兵七平六！ 车 4 平 3　　**21.** 炮七进二　 卒 7 进 1
22. 马三进四　 象 7 进 5　　**23.** 前车平七　 车 8 平 3
24. 车八进六　 炮 8 进 1　　**25.** 车八进一　 马 7 进 6
26. 车八平九　 车 3 进 2　　**27.** 车九平八　 车 3 平 2

如改走炮 8 退 1，红车八退三，炮 8 平 6，马四退三，黑也难逃厄运。

以下红兑车后，残棋阶段施展抽丝剥茧功夫，完成了漂亮的"收官"之战，结果获胜。

【小结】 此布局黑车 2 进 6 式变例，虽然凶悍，但亦有风险。本战例红方在布局阶段勇于弃子争先，从第 9 回合的车二进一起，至第 20 回合的兵七平六，乃至以后的高炮巡河、右马跳出，运子刚柔并济，着法刚劲绵密，真是可圈可点，堪称经典之作。至此，黑车 2 进 6 的变化在全国比赛中逐渐沉寂。

C 式：中炮正马两头蛇对左炮封车转半途列炮——黑车 2 进 4 变例

第 1 局　黑炮 5 平 6 对红急进中兵或炮击中卒

1. 炮二平五　 马 8 进 7　　**2.** 马二进三　 车 9 进 8

3. 车一平二　炮 8 进 4　　**4.** 兵三进一　炮 2 平 5

5. 马八进七　马 2 进 3　　**6.** 兵七进一　……

如改走车九平八,黑则卒 3 进 1,炮八进四,车 1 平 2,成另一套路变化,详见 D 式。

6. ……　　　　车 1 平 2　　**7.** 车九平八　车 2 进 4

黑车巡河较为稳健。

8. 炮八平九　车 2 平 8　　**9.** 车八进六　炮 5 平 6(图 1 - 20 - 1)

黑如改走炮 8 平 7,变化见下局。

如图 1 - 20 - 1 形势,红有(1)兵五进一、(2)车八平七两种攻法,分述如下:

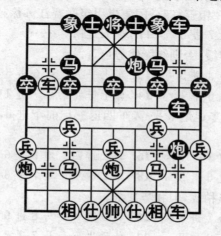

图 1 - 20 - 1

(1)**兵五进一**——"蒲县煤运杯"全国象棋个人锦标赛男子甲组第 4 轮北京张申宏对浦东葛维蒲局例:

10. 兵五进一　……

急冲中兵从中路突破,针对性着法。

10. ……　　　　士 6 进 5　　**11.** 车八退三　……

退车兵线约束黑炮,是以退为进的走法。如改走马七进五,炮 8 平 7,车二平一,象 7 进 5,兵五进一,卒 5 进 1,车八平七,卒 7 进 1,车七平三,马 7 退 9,炮九平七,卒 7 进 1,车三退二,后车平 7,车三退五,马 9 退 7,车一平二,车 8 进 5,马三退二,兑去双车,局势简化,双方均势。

11. ……　　　　象 7 进 5　　**12.** 马七进八　炮 8 进 2

13. 马八进七　卒 7 进 1　　**14.** 兵五进一　炮 6 进 1

15. 马七进五！……

马踏中象,着法凶悍,红方由此入局!

15. ……　　象 3 进 5　　16. 炮九平七　炮 8 平 3

如改走炮 6 退 1,兵五进一,马 3 进 5,炮五进五轰象抽马,黑亦难应付。

17. 车二进五　车 8 进 4　　18. 车八退二　炮 3 退 3

19. 炮七进五　炮 3 平 5　　20. 仕六进五　卒 7 进 1

冲卒弃马系无奈之着! 如改走马 7 退 6,则兵五进一,红方大优。

21. 炮七平三　车 8 平 5

至此,红方多子占优,结果胜。

(2)车八平七——"银荔杯"全国象棋甲级联赛江苏徐超对浙江陈寒峰局例:

10. 车八平七　象 7 进 5　　11. 炮五进四　……

炮击中卒,刻不容缓,否则红无优势可言。

11. ……　　马 3 进 5　　12. 车七平五　炮 6 进 5

13. 车五平四　炮 6 平 1　　14. 相七进九　卒 7 进 1!

改进之着。以往多走炮 8 平 7,车四退三! 前车进 5,马三退二,黑方较为被动。

15. 兵三进一　前车平 7　　16. 马三进四　炮 8 平 6

17. 车二进九　炮 6 退 3　　18. 车二退三　车 7 平 6

兑去一车后,红虽稍优,但和势甚浓。

19. 马四退六　马 7 进 8　　20. 兵五进一　马 8 进 9

21. 车二平一　马 9 进 7　　22. 仕六进五　马 7 退 8

23. 车一平二　马 8 进 6　　24. 车二平三　车 6 平 4

25. 车三平四　车 4 进 2

再兑一马,局势简化,结果战和。

【小结】 此布局黑卸中炮,整形联防,应法稳健,列举红方两种攻法:(1)变红由中路突破,颇具针对性,易于控制局势;(2)变红炮击中卒后,黑借闪击战术迫兑红炮,取得兵种齐全之利,削弱红方多兵之势,战法可取,可与红方对抗。

第 2 局　黑炮 8 平 7 对红车压马

1. 炮二平五　马 8 进 7　　2. 马二进三　车 9 平 8

3. 车一平二　炮 8 进 4　　4. 兵三进一　炮 2 平 5

5. 马八进七　马 2 进 3　　6. 兵七进一　车 1 平 2

7. 车九平八　车2进4　　**8.** 炮八平九　车2平8

9. 车八进六　炮8平7

平炮反击较炮5平6卸中炮的变化要激烈得多。

10. 车八平七!　……

箭在弦上,不得不发。如示弱走车二平一,则炮5平6,黑方满意。

10. ……　　　　前车进5　　**11.** 马三退二　车8进9

12. 车七进一　车8平7　　**13.** 车七进二　炮7进1(图1-21-1)

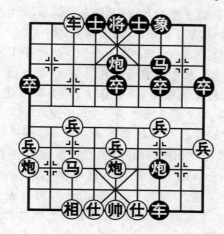

图1-21-1

如图1-21-1形势,双方对攻激烈,变化十分复杂,以下红有(1)兵七进一、(2)马七进六两种战法,可供选择,分述如下:

(1)**兵七进一**——"启新高尔夫杯"全国象棋甲级联赛江苏徐超对沈阳金松局例:

14. 兵七进一　　……

冲七兵弃马抢先,着法积极!如改走马七进六,变化详见下文。

14. ……　　　　炮7平3　　**15.** 兵七平六　炮5进4

炮击中兵乃精细之着。如随手走炮3平2,则车七平八,车7退4,车八退七,炮5进4,炮五平七,车7平3,炮七进三,马7退5,车八进一,炮5退1,炮九进四,象7进5,炮三平二,红方占优,这是聂铁文先胜苗永鹏之战。

16. 仕六进五　炮3平2　　**17.** 车七平八　车7退4

18. 车八退六　　……

退车捉中炮,正着。如径走车八退七,则车7平3,帅五平六,车3平4,车八平六,车4进2,仕五进六,卒7进1,双方残棋各有千秋,这是湖北李智屏先胜黑龙江张晓平的实战对局。

18. ……　　　　车7平3

如改走车7平5,红则炮九进四,卒7进1,炮九进三,将5进1,车八进五,将5进1,车八退六,车5平4,也许黑能守和。

19. 车八平五　车3进4　20. 仕五退六　士6进5

21. 车五平八!……

平车捉炮,细腻。如随手走炮九进四,则车3退6,炮九进三,车3退3,车五平八,车3平1,车八退一,车1进6,局面大体和势。

21. ……　　　炮2进2　22. 炮五平三!炮2平1

红方平炮,关键之着!如不经意走炮九退二,则车3退2,车八退三,车3平5,仕四进五,车5平1,红车炮被牵,难有作为;黑方如改走车3退2,红车八退三,车3平7,炮九进四,车7平3,车八进七,马7退6,兵六进一,红优。

23. 炮三进五　车3退2　24. 帅五进一　车3进1

徐超与金松曾弈成与此相同局面时,黑方曾改走车3平1,红炮三平九,车1平3,车八平五,车3进1,帅五进一,车3退6,炮九进二,车3退2,炮九退二,士5退6,车五进三,士4进5,炮九平二,车3进7,帅五退一,车3进1,帅五进一,车3平4,兵六平七,车4进1,炮二进二,车4平5,仕四进五,车5平8,车五平八,车8退2,仕五进四,炮1平4,兵七平六,将5平4,炮二平一,车8退3,车八进三,将4进1,车八退四,车8退4,炮一退一,士5进6,炮一平二,平车盖炮,妙!以下红冲兵必胜。

25. 帅五进一　车3退6　26. 兵六进一!……

红方双炮都不逃,妙极。

26. ……　　　卒5进1　27. 车八平五　车3平7

28. 炮九平七　士5退6　29. 帅五退一　……

死卒不急吃,退帅腾出炮路,好棋。

29. ……　　　车7平2　30. 车五进二　士4进5

31. 炮七平三　象7进5　32. 炮三平一　车2进6

33. 帅五进一　车2平9　34. 炮一进四　车9退2

35. 车五进二!(图1-21-2)……

弃炮车砍黑中象,精彩。如图1-21-2形势,黑若续走车9退3吃炮,红车五平七,将5平4,兵六进一,红胜。

35. ……　　　将5平4　36. 炮一平二　车9平8

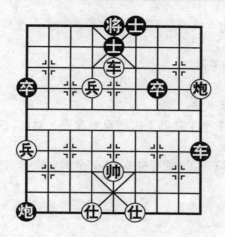

图 1-21-2

37. 炮二平一

伏炮一进三,车8退6,车五进一,车8平9,车五进一,将4进1,兵六进一,将4进1,车五平六杀!

红胜定。

(2)马七进六(接图1-21-1)

14. 马七进六 ……

上马较上变兵七进一弃马抢攻相对缓和。以下黑有(甲)炮7平1、(乙)卒7进1两种应法,分述如下:

(甲)炮7平1——"安庆开发区杯"男子象棋大师邀请赛江苏王斌对沈阳卜凤波局例:

14. …… 炮7平1 15. 相七进九 卒7进1

黑如改走车7退2,红可车七退四,炮5进4,仕六进五,象7进5,车七平六,士6进5,帅五平六,炮5退1(应卒7进1求和,以下兵三进一,车7退3,车六平三,象7进5,和棋)?车六进一,卒1进1,相九退七,车7退2,马六进五,马7退6,车六退二,卒7进1,兵七进一,炮5退1,炮五进二,马6进8,兵七平六,炮5平6,相七进五,车7进1,炮五进三,红方胜势,这是王斌先胜苗永鹏的对局。

16. 炮五平六! 车7退4

黑方被迫弃士抢攻,如士6进5,则炮六平八,红方有攻势。

17. 车七平六 将5进1 18. 兵七进一 车7进1

19. 马六进八 车7平5 20. 仕六进五 车5平2

21. 马八进七 将5平6 22. 车六退五 车2进3

23. 炮六退二　　士 6 进 5　　**24.** 车六平四　　士 5 进 6

25. 兵七平六

至此红方占优,结果胜。

(乙):卒 7 进 1

14. ……　　　　卒 7 进 1

此着是在上局炮 7 平 1 基础上做的重要改进。对此,红出现过①炮九平三、②兵三进一两种对策:

①炮九平三——第 5 届"威凯房地产杯"全国象棋排名赛江苏王斌对黑龙江聂铁文局例:

15. 炮九平三　　车 7 退 2　　**16.** 兵三进一　　车 7 退 3

17. 炮五平六　　……

如改走车七退四,车 7 进 1,马六进五,马 7 进 5,炮五进四,炮 5 进 4,和棋。

17. ……　　　　士 6 进 5　　**18.** 车七退四　　车 7 进 2

19. 炮六平八　　车 7 平 5　　**20.** 仕四进五　　车 5 平 2

21. 炮八平五　　……

如求战而走车七平三,则车 2 进 1,车三进二,车 2 平 9,双方各有顾忌。

21. ……　　　　炮 5 进 5　　**22.** 相七进五　　象 7 进 5

双方形成均势,结果成和。

②兵三进一——"西乡引进杯"全国象棋个人赛第 1 阶段第 5 轮江苏王斌对大连金松局例:

15. 兵三进一(图 1-21-3)　　……

如图 1-21-3 形势,红方直接兑兵大智若愚,这也是特级大师王斌精心研究的新着,被誉为王式"飞刀"。本步不可冒险走炮九进四,黑可炮 7 平 8,马六进七,炮 5 进 4,仕六进五,车 7 退 4,帅五平六,车 7 平 3,炮五进四,车 3 进 4,帅六进一,车 3 退 1,帅六进一,炮 5 平 7,马七进五,马 7 进 5,车七退八,炮 7 进 1,帅六退一,炮 7 进 1,黑方多子胜定。

15. ……　　　　炮 7 平 1　　**16.** 相七进九　　车 7 退 5

17. 车七退四　　车 7 进 2

如改走车 7 进 1,则红马六进五,马 7 进 5,炮五进四,炮 5 进 4,车七平五,炮 5 退 3,车五进一,由于此时红九路相已保住七路兵,红车便可从容杀卒,残棋有望获胜,这便是红兵三进一之奥妙所在。

18. 仕六进五　　士 6 进 5　　**19.** 炮五平八　　炮 5 进 4

20. 马六退五!　　将 5 进 6　　**21.** 帅五平六　　车 7 退 1

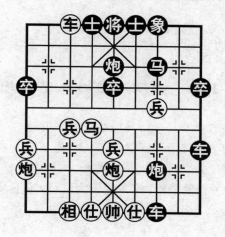

图 1-21-3

22. 炮八进七　将 6 进 1　　23. 车七平六　象 7 进 9

24. 炮八退四　车 7 进 2　　25. 炮八退三！车 7 退 3

红退炮打车是巧手,黑如改走车 7 平 5 吃马,则红仕五进六,炮 5 平 4,车六退二,也是红优。

26. 车六退二　马 7 进 6　　27. 马五退三！车 7 进 4

28. 炮八平四　马 6 退 7　　29. 车六平五　将 6 退 1

30. 炮四平八

黑方缺象怕炮攻,至此,红方主动,最后形成红方车双兵例胜车双士的局面,结果红胜。

【小结】 此布局双方形成各攻一面的激烈场面,攻杀是此套路的主旋律,体现出 21 世纪列炮战的特色,列举的红方两种攻法:(1)变红兵七进一弃马抢攻,迫黑弃还一子调车防范,红方顺势车占要位,红炮左右逢源,获得优势局面。(2)变红马盘河变化相对缓和,列举黑方两变:(甲)变炮 7 平 1,从文中的局例看,黑方应法消极,难与红方对抗。(乙)变卒 7 进 1 中①红炮九平三,对黑不构成威胁,双方大体呈均势;②红兵三进一兑兵,王式"飞刀"建功,取得多兵胜势。黑如能避开此路,在第 17 回合改走车 3 平 7 兑车,尚有一丝谋和希望。

总之,C 式是新版半途列炮中变化最为复杂与激烈的变例。

D式：中炮边马两头蛇对左炮封车转半途列炮

第1局　黑车巡河对红平炮兑车

1. 炮二平五　马8进7　　**2.** 马二进三　车9平8

3. 车一平二　炮8进4　　**4.** 兵三进一　炮2平5

5. 兵七进一　马2进3　　**6.** 马八进九　……

红边马攻法属一种稳健策略，曾一度较为流行，虽不及正马火爆，但也有研究的必要。

6. ……　　　　　车1平2　　**7.** 车九平八（图1-22-1）……

如图1-22-1形势，双方形成中炮边马两头蛇对左炮封车转半途列炮的阵势。

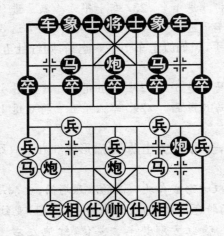

图1-22-1

7. ……　　　　　车2进4

黑车巡河容易引起激烈对杀的盘面，若改走车2进5骑河相对稳健一些，详见下局。

8. 炮八平七　车2平8

至此，红又有(1)车八进六、(2)兵七进一两种攻法，分述如下：

(1)**车八进六**——"银荔杯"全国象棋甲级联赛北京蒋川对大连金松局例：

9. 车八进六　炮8平7　　**10.** 车二平一　马3退5

11. 车八平七　卒7进1　　**12.** 车七进二　……

弃兵寻求攻势,如改走兵三进一,则黑前车平7,车七进二,车8进4,车七平六,象3进1,红方难有作为。

12. ……　　　卒7进1　　　**13.** 车七平六　象3进1

14. 仕六进五　前车平2　　　**15.** 帅五平六　车2退4

黑车被迫撤回底线防守,却有卒过河作为补偿,各有利弊。

16. 兵九进一　炮7平8　　　**17.** 马九进八　炮8退5

18. 车六退一　马5退3

退窝心马弃士,解放右底车,有胆有识的一手。

19. 车六进二　将5进1　　　**20.** 马八进九　车2进3

21. 车一平二　炮8进7!　　**22.** 车六退一　将5退1

23. 炮七进七　象1退3　　　**24.** 马九进八　士6进5

25. 车六平七　车2平4　　　**26.** 炮五平六　卒7进1

27. 兵七进一　卒7进1　　　**28.** 兵七进一　车4退3

29. 车七退一　车4进1　　　**30.** 车七进二　士5退4

31. 兵七进一　车4平2　　　**32.** 兵七平六　炮5进4

33. 炮六进七　车8进4

黑方大优,结果胜。

(2)**兵七进一**——"将军杯"全国象棋甲级联赛第8轮江苏徐天红对沈阳金松局例:

9. 兵七进一　　……

送七兵是徐天红首创新招!意在牵制黑车,构思精妙,攻法颇有新意,值得关注。

9. ……　　　炮8平7　　　**10.** 车二进五　车8进4

11. 兵七进一　车8平3

如改走炮7进3,则仕四进五,马3退5,兵七平六,炮7平9,仕五进六,红兵过河颇具威力,占优。

12. 炮七退一　车3退1　　　**13.** 兵五进一　车3进1

如改走炮7进3,则仕四进五,车3进1,车八进八,双方对攻,红方较优。

14. 相三进一　马3进2　　　**15.** 车八进三　炮7平1

16. 车八进一　士4进5　　　**17.** 马三进五　炮1平4

18. 仕四进五　炮5平2　　　**19.** 车八平九　炮2平1

20. 车九平八　象3进5　　　**21.** 兵五进一　卒5进1

22. 车八退一　炮4退4

黑退炮败着,被红平炮打死车。应改走卒5进1,则炮五进二,炮4退3,黑足可抗衡。

23. 炮五平七　炮4平2　　**24.** 马九进八　马7进5

25. 后炮进四

黑车被打死,红方占优,结果胜。

【小结】　此布局黑车巡河,列举红方两种攻法:(1)变左车过河,其中第12回合车七进二急功近利,难有作为,黑左炮回防,进退有序,颇有章法,红方易遭反击;(2)变红兵七进一攻法虽有新意,但黑炮8平7针锋相对,适时有力,其中黑第22回合应改走卒5进1胁红马以活车,这是与红方抗衡的关键着法。

第2局　黑车骑河对红平炮兑车或退窝心炮

(上接图1-22-1。)

7. ······　　　　车2进5

黑车骑河着法稳健,以下红有(1)炮八平七、(2)炮五退一两种攻法,分述如下:

(1)炮八平七——江苏徐天红对上海胡荣华局例:

8. 炮八平七　······

红先平炮是老式下法,现多走炮五退一,见下例。

8. ······　　　　车2平3　　**9.** 车八进二　　炮8平7

此着黑方应改走马3退5,以下红有两种选择:①炮五退一,则炮5平3,马九退八,车3平7,炮七进五,马5进3,炮五平七,马3退5,车八平六,红方稍好;②炮五平六,炮5平3,马九退八,车3平7,相三进五,车7进1,车二平三,卒3进1,车八进二,炮8平5,马三进五,车7平5,黑方足可抗衡。

10. 炮五退一　炮5平4　　**11.** 相三进五　炮4进5

12. 炮七退一　车3平4　　**13.** 车二进九　马7退8

14. 马三退二　马3退5　　**15.** 车八进四　象7进5

16. 车八平七　马5进7　　**17.** 兵五进一　······

红方抢先于中路发难,击中要害。

17. ······　　　　车4进1　　**18.** 兵五进一　车4平6

19. 兵五进一　······

红冲中兵将计就计,酝酿弃子抢攻计划。

19. ······　　　　车6进2　　**20.** 炮七进八!(图1-23-1)······

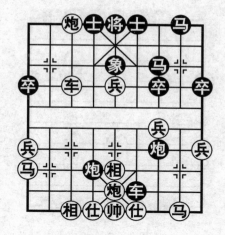

图 1 - 23 - 1

红方弃炮轰象,解杀抢攻,好棋! 如图 1 - 23 - 1。

20. ……	象5退3	21. 炮五平七	车6平8
22. 仕六进五	车8进1	23. 炮七进八	将5进1
24. 马九进七!	车8退5	25. 仕五进六	将5平6
26. 兵五进一	车8平6	27. 炮七退一	

红方优势,结果胜。

(2)炮五退一——第3届"波尔轴承杯"象棋公开赛江苏朱晓虎对浙江陈寒峰局例:

8. 炮五退一　　　炮8平7(图 1 - 23 - 2)

9. 相三进五　　　……

如图 1 - 23 - 2形势,红方此手另可考虑走炮八平七,则黑车2平3,车八进二,车8进9,马三退二,马7退5,炮五平七,车3平4,前炮进五,炮5进4,帅五进一,炮5退2,车八平四,马5进4,帅五平四,士4进5,仕四进五,形成红多一子、黑子力活跃且多卒两分之势。

9. ……	车8进9	10. 马三退二	卒5进1
11. 兵九进一	车2进1	12. 炮八平七	车2进3
13. 马九退八	马3进5	14. 炮七进四	卒7进1
15. 兵三进一	马5进7	16. 炮五平三	后马进5
17. 马二进四	炮7进1	18. 仕四进五	

红方残棋稍占优势,结果胜。

【小结】　此布局黑车骑河,红方采用五七炮的攻法,稳中带凶,它避免了双

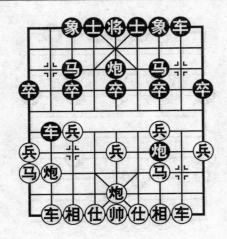

图 1 - 23 - 2

方互攻一翼、火星四溅的激烈场面,使局势在己方控制下徐徐发展,有效地克制黑方想打对攻战的意图,在战略上先胜一筹。从列举两变来看:红方七路炮对黑方右翼牵制力很大,黑方如何解决这一后顾之忧是值得研究的课题,笔者倾向于红方好下。

E式:中炮对左炮封车转半途列炮——互进三兵(卒)对称型变例

第1局　红进三兵对黑挺3卒

1. 炮二平五	马8进7	**2.** 马二进三	车9平8
3. 车一平二	炮8进4	**4.** 兵三进一	炮2平5
5. 马八进七	马2进3	**6.** 车九平八	……

此步红若走兵七进一,则车1平2,车九平八,车2进4,炮八平九,车2平8,详见前文介绍。

6. ……	卒3进1	**7.** 炮八进四	炮8平7
8. 炮八平七	象3进1	**9.** 车二进九	马7退8
10. 车八进四	车1平2	**11.** 车八进五	马3退2
12. 炮五进四	……		

炮击中卒求战,如改走相三进一,则马2进3,局面过于平淡。

12. ……   士 4 进 5   **13.** 炮五退一   炮 7 进 3

14. 仕四进五   炮 7 退 4   **15.** 马三进四   卒 7 进 1

16. 相七进五   炮 7 平 8   **17.** 兵七进一   卒 3 进 1

18. 马四进六（图 1-24-1） ……

如图 1-24-1 形势,红放黑 3 路卒过河,视而不食,很是精彩。

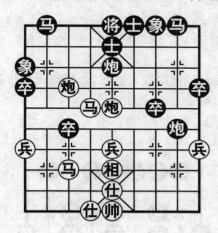

图 1-24-1

18. ……   马 2 进 4

19. 炮七平三   象 1 进 3!   **20.** 相五进七   马 4 进 5

21. 炮五平四   马 8 进 9   **22.** 炮三平九   卒 9 进 1

23. 炮九平六   卒 7 进 1

黑进卒寻求对攻,如改走炮 8 退 1,则炮四平二,马 9 进 8,马六进四,马 8 退 9,黑方一味防守并非上策。

24. 炮四平七   炮 8 平 3   **25.** 炮七进一   马 5 进 6

26. 马六进八   炮 3 退 1   **27.** 炮七进三   炮 5 平 2

28. 仕五进四

至此,双方各有顾忌。(选自全国象甲联赛厦门汪洋对大连卜凤波之战)

【小结】 此布局的一个有趣现象是红黑双方的子力结构布成了近似同形的局面。这种局型不易把握,临枰者需要谨慎对待这种对称局势,因为稍有差池就会落于下风。由于这种变化引发的局势大多形成无车的互缠局面,因此无法总结出固定的攻守模式。对于双方来讲,将是一场互斗功底棋的较量。

F式：中炮对左炮封车转半途列炮——红炮八进五变例

第1局　红进炮打马对黑起右马战炮

1. 炮二平五　　马8进7　　**2.** 马二进三　车9平8

3. 车一平二　炮8进4　　**4.** 兵三进一　炮2平5

5. 炮八进五　……

红方进炮打马是一种稳健的战术选择,由特级大师许银川率先推出。其特点是:先手方易于掌握,后手求战无门。

5. ……　　　　马2进3　　**6.** 炮八平五　象7进5

7. 兵七进一　车1平2　　**8.** 马八进七　炮8平7(图1-25-1)

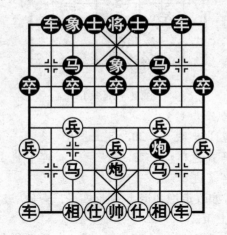

图1-25-1

如图1-25-1形势,黑方这手平炮压马很有必要,也是此布局的重要改进之着。如随手走车2进4,则车九平八,车2平8,车八进七,马3退5,马七进八,黑方受攻;又如车2进6,则马七进六,车2退2,马三进四,炮8退1,马六进五,马3进5,马四进五,马7进5,炮五进四,士6进5,车二进三,卒7进1,相七进五,红方稍优。

9. 车九进一　车8进9

黑方主动兑车看似先手,实则有疑问! 从本局以下进程看,红方稳持先手,黑方始终未能摆脱被动之势,故黑得不偿失。建议改走车2进4,则车九平四,卒 7 进 1，车四进三，车 2 平 4，相三进一，车 8 进 9，马三退二，卒 3 进 1，仕四进五，卒 3 进 1，车四平七，马 3 进 2，车七平八，炮 7 平 8，黑可满意，这是上海谢靖先负辽宁金波之战。

10. 马三退二	车 2 进 4	11. 马二进一	炮 7 进 1
12. 马七进六	车 2 平 4	13. 马六退四	车 4 平 8
14. 兵五进一	士 6 进 5	15. 兵一进一	车 8 进 2
16. 车九平四	卒 3 进 1	17. 后车进一	象 5 进 3
18. 炮五进一	车 8 退 6	19. 车四平三	炮 7 平 6
20. 仕四进五	车 8 退 6	21. 马四进二	炮 6 退 3
22. 马二进三	……		

由于黑方布局失当，红方一直牢控先手。现在马炮兵集于一翼，准备发动进攻，优势明显。

22. ……	象 3 退 5	23. 兵五进一	炮 6 进 2
24. 兵三进一	炮 6 平 1	25. 兵三平四	马 3 进 2

红方占优，结果胜。

【小结】　此布局红第 5 回合进炮打马兑黑中炮，破坏黑方过河炮的后续接应子力，使之求战无门。当然由于此着偏稳，胜率也低。所列局例，黑布局失当，另作别论。笔者认为此布局适于红方保和争胜的情况。

下卷 印象布局

第二章 中炮对屏风马

第一节 中炮过河车对屏风马左马盘河

第1局 红屈头马进中兵对黑急冲7卒

1. 炮二平五　马8进7　　2. 马二进三　车9平8
3. 车一平二　卒7进1　　4. 车二进六　马2进3
5. 马八进七　马7进6(图2－1－1)

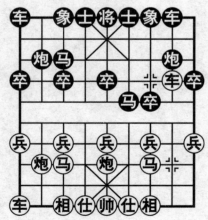

图2－1－1

黑方左马盘河,期待红方下着兵七进一,将局面纳入中炮过河车对屏风马左马盘河的常规布局。这手突破常规的新招,是一厢情愿的着法,将遭到红方的猛烈攻击。似应改走卒3进1,既活己方马路又制对方马路,并伏炮2进1逐车的手段,较为灵活多变。这手左马盘河可视为黑方开局之初的新招和冒险选择。

6. 兵五进一!······

急冲中兵,针锋相对,既可从中路直接发动攻势,又可威胁黑方盘河马,拉紧无根车炮,一箭双雕!

6. ······　　卒7进1

箭在弦上,不得不发。

7. 车二退一　马6退7

黑若改走马6进7,则红车二平三,马7退5,车三退一,炮8平5,马三进五,马5进3,马五进四,前马进5,相七进五,红方子力占空间优势。

8. 车二平三　卒7平6　　9. 兵五进一　炮8退1

10. 兵五进一　炮8平5　　11. 炮五进六　马3进5

黑如改走士4进5去炮,红则兵五平六,黑方形势将更加被动。

12. 车三进二!马5退7　　13. 炮五退七　车1进1

在"常家庄园杯"男女混双赛上伍霞和胡荣华对金海英和洪智的比赛也下成与此相同的局面。当时洪智走的是将5进1,以下车九进一,车1进1,炮八平九,车1平4,车九平八,车4进1,马七进五,卒6平5,马五进三,将5平4,炮五平六,车4平6,前马进五,车6平3,车八进三,红方大占优势,最后取胜。

14. 炮八平九　车1平2　　15. 车九进一　车8进1

16. 兵七进一　将5进1(图2-1-2)

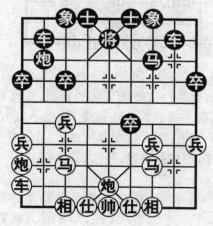

图2-1-2

红继第12回合一车换双占据空头炮之利后,已稳占优势。现黑将不安于位,红开肋车助攻在即,大占优势,黑不好走。

本局例选自柳大华蒙目先胜五合一第1组于北京的实战对局。柳大华同时对阵的25人被分成5组,每组5人同时商量下一盘棋。

【小结】 黑方选择左马盘河对付中炮过河车双屈头马,虽有主动对攻之意,但较为冒险,遭到红方兵五进一的强烈攻击。面对此阵,还是选择变化多、反弹力强且较稳健的屏风马两头蛇与之抗衡为宜。

第2局 红进七兵对黑急冲7卒

1. 炮二平五 马8进7 2. 马二进三 车9平8
3. 车一平二 马2进3 4. 兵七进一 卒7进1
5. 车二进六 马7进6 6. 马八进七 卒7进1(图2-2-1)

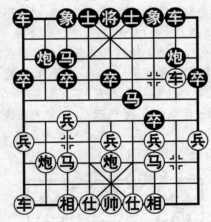

图2-2-1

黑方急冲7卒逐车,也是打破传统着法的新招,常规着法是象3进5,此手一直被认为稳健、合理,是左马盘河的正规变化,以下红方有车二平四、炮八进一、炮八平九、车九进一、兵五进一、炮八进二、车二退二等七种着法,各具攻防变化,有完整的套路和规律,形成初具规模的战术体系。

7. 车二平四 ……

如改走车二退一,则黑有两种着法:①卒7进1,车二平四,卒7进1,马七进六,象7进5,车四平二,车1进1,炮八平三,车8进1,联霸王车,摆脱无根车炮被牵,可与红方对抗;②马6退7,红则车二平三,炮8退1,兵三进一,炮8平7,车三平八,炮2进5,炮五平八,卒3进1,车八进二,车1进2,车八平九,象3进1,兵七进一,象1进3,黑亦可抗衡。

7. ……　　马6进8　　**8.** 马三退五(图2-2-2) ……

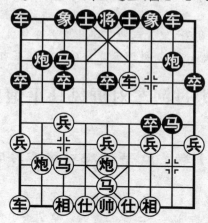

图2-2-2

退马窝心先避一手,是宁失一兵不舍先手的积极战法,也是对兵三进一老式着法的重大改进。例如上海何顺及在汉口先胜武汉李义庭的实战是:兵三进一,马8进7,炮五进四,马3进5,车四平五,炮2平5(这手棋是21世纪初的亮点,黑方改为补士即士6进5! 应将,从而把双方斗争的焦点引向全新领域),炮八平三,炮8进7,仕六进五,车1进1,相七进五,车1平6,炮三平四,车8进8,车九平六,车6进3,车六进八,士6进5,兵五进一,炮8平6,兵五进一,车6进2,车五平三,象7进9,兵五进一,炮5平6(如炮5平5,则帅五平六),炮四进五,炮6退7,车三平四,红方优势。

8. ……　　卒7进1　　**9.** 马七进六　　炮8平5

10. 马五进七　　士4进5

黑此时:①炮5平7,则马七退五,士4进5,炮八平六,炮2进3,马六进七,炮2退2,车九平八,车1平2,车四退二,象3进5,车四平三,红方先手;②炮2进2,则车九进一,炮2平7,车九平二! 车8进1,仕四进五,红方占优。

11. 车九进一　　炮5平7　　**12.** 相三进一　　马8进9

13. 车四平三　　炮7平5　　**14.** 车九平一　　炮2进4

15. 车一进一　　炮2平3　　**16.** 相七进九　　车1平2

17. 炮八退二

红方多子占优,结果获胜。

本局例选自梅娜对吴文文的实战对局(梅娜比赛结束返乡后,和笔者讨论了这盘棋,并送笔者近年比赛、训练对局册数十本,以报答启蒙之恩)。

【小结】 红方第8手的马三退五又是对老着法兵三进一的重大改进,黑方急冲7卒是对老式着法象3进5的革新。两小将勇于创新,不落俗套,真是新招对新招。从实战结果分析看,黑方急冲7卒的反击开局战术难占便宜,红方马三退五的忍让战术,是不失先手、有效避开黑方反击的稳妥之策。

第二节　中炮过河车对屏风马平炮兑车右横车

第1局　红平边炮对黑车穿宫

1. 炮二平五	马8进7	2. 马二进三	车9平8
3. 车一平二	马2进3	4. 车二进六	卒7进1
5. 兵七进一	炮8平9	6. 车二平三	炮9退1
7. 马八进七	车1进1		

至此,形成中炮过河车对屏风马平炮兑车右横车布局。屏风马方在平炮兑车后,不走传统的士4进5,而迅速启动右横车,旨在下一步穿宫平6,抢占肋道,威胁红方过河车,集结重兵与红方对抢先手。

8. 炮八平九　车1平6(图2-3-1)

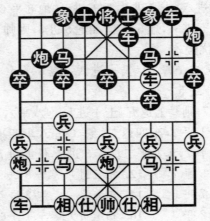

图2-3-1

黑横车过宫,暗伏炮9平7打死红车,向红右翼发动反击,着法凶悍。

9. 马七进六　……

进河口马,是针对黑平7路炮打车的抢先之着。如改走车九平八,准备一车换双,另有攻防变化,详见下局介绍。

9.…… 士6进5

如改走炮9平7,则红马六进五,马7进5,兵五进一,车6平2! 兵五进一,炮7平5,兵五进一,炮2进1,炮五退一,炮2平5,炮九平五,象7进5,车九进二,车8进6,马三进五,前炮进4,相七进五,马3进5,基本形成对称形势,红仍先手。

10. 车九平八……

有了上一回合马七进六与士6进5的交换,现红方出车捉炮,准备一车换双,着法及时,这是安徽梅娜使用的新招。与第9回合出车捉炮换双相比,局势已大相径庭,黑方右翼顿现空城,双车闭塞右翼,难以调防,局面不容乐观。

10.…… 炮9平7 **11. 车八进七** 炮7进2

12. 车八平七 车6进1 **13. 车七进二** 车8进8

14. 炮九进四 炮7进3 **15. 炮九进三!(图2-3-2)……**

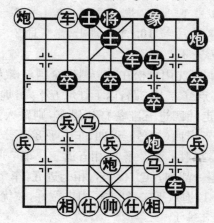

图2-3-2

红置底相被轰于不顾,径自沉炮对攻,欲求兵贵神速,体现小将梅娜敢打敢拼的战斗风格。至此已成剑拔弩张之势,一场殊死的战斗在所难免。总的感觉黑方上一手不如改走车6平1稳健,以下红如接走炮九平五,则马7进5,炮五进四,象7进5,黑方形势不错。

15.…… 车6平1

如改走炮7进3,则红仕四进五,将5平6,车七退二,将6进1,马六进五,车6平5,车七平五,黑方丢车,红方胜定。

16. 马六进七 车1退1 **17. 炮九平八** 车1退1

18. 马七进九　将5平6　　**19.** 车七退三　车1平2

如改走将6进1,则红炮五平四,黑亦难应付。

20. 马九进八

红方多子占优,最后获胜。

【小结】　本局红方先上盘河马,然后出左车捉炮,是改变了行棋次序的新招。从实战看,收到了出其不意的效果。黑方第14回合若选择平车拦炮的稳健下法,足可与红方抗衡。

第2局　红平左车捉炮对黑平炮打车

1. 炮二平五　马8进7　　**2.** 马二进三　车9平8

3. 车一平二　马2进3　　**4.** 兵七进一　卒7进1

5. 车二进六　炮8平9　　**6.** 车二平三　炮9退1

7. 马八进七　车1进1　　**8.** 炮八平九　车1平6

9. 车九平八　炮9平7　　**10.** 车八进七　炮7进2

11. 车八平七　炮7进3

黑方挥炮取兵窥相,是沈阳金松在"棋友杯"全国象棋大奖赛上使用的招数。此手大多采用车8进8点红方下二路,以下红炮五平六,炮7进3,相三进五,车8平7,仕六进五〔如改走仕四进五准备打死黑车,则跌入黑方陷阱:车6进7!炮九退一,车7进1,仕五退四(如马三退四,车7平8,下步炮7进3杀),车7平6!马三退四,炮7进3,黑胜〕,炮7平8,相五退三!车7退1(如车7进1,马三退一!炮8进2,炮九退一战炮,红方优势),相七进五,车7进1,炮九退一,车7退2,炮六进一,车7进1,炮六平二,红方子力占位好,较优。

12. 相三进一　车8进1

黑方高车联成霸王车,攻守两利的佳着。

13. 车七进二　车6平3　　**14.** 车七平九　车3平1

15. 车九平八　车8平7　　**16.** 车八平七　车2平3

17. 车七平八　车1平2　　**18.** 车八平九(图2-4-1)　……

这一段黑方霸王车逼兑红车欲成有车杀无车,红车避兑缩至角落,黑方便宜占尽。

18. ……　　卒3进1　　**19.** 兵五进一　卒3进1

20. 兵五进一　士6进5　　**21.** 马七进五　卒3平4

22. 车九退三　车3进8　　**23.** 炮五平七　　……

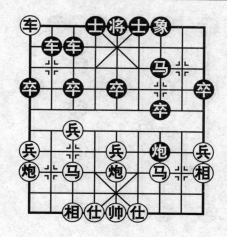

图 2-4-1

红如改走兵五进一,则卒 4 进 1,马五进六,卒 4 进 1,卒逼九宫捉炮,黑方胜势。

23.…… 　　　　车 2 进 8　　**24.** 仕四进五　卒 4 进 1

至此,红方必失一子,黑方胜势。(本局例选自大连张俊恒对沈阳金松的实战对局)

【小结】 此布局提前一个回合以车换马炮,并未取得好的效果,把握交换时机尚可参照上局。红方若欲避开此路变化,则可在第 9 回合改走车三退一吃卒,脱离险地,稳步进取,形成攻守对抗之势。

第三节　中炮七路马过河车对屏风马平炮兑车

第 1 局　红七路马盘河对黑飞右象

1. 炮二平五　马 8 进 7　　**2.** 马二进三　车 9 平 8

3. 车一平二　卒 7 进 1　　**4.** 车二进六　马 2 进 3

5. 兵七进一　炮 8 平 9　　**6.** 车二平三　炮 9 退 1

7. 马八进七　炮 9 平 7　　**8.** 车三平四　士 4 进 5

9. 马七进六(图 2-5-1)……

至此形成中炮七路马盘河过河车对屏风马平炮兑车的基本阵形。

9.…… 　　　　象 3 进 5

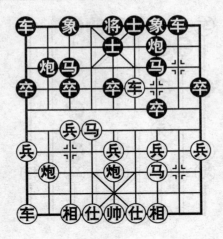

图 2-5-1

黑方补右象应法稳健。如改走车 8 进 5 骑河捉马,另有攻防变化,详见下局介绍。

10. 炮八平七 ······

红方如改走炮八平六封车,又为左车开路,也是一举两用之着,在 20 世纪 80 年代甚为流行。现将 21 世纪的此路变化介绍如下:炮八平六,则车 8 进 5,车九平八,车 8 平 4,车八进七,车 1 平 3,仕四进五,马 7 进 8,车四平三,炮 7 平 9,炮五平四!马 8 进 9,车三平一,马 9 进 8,车一进二,马 8 退 6,帅五平四,马 6 进 7,车一平四,黑虽得相,但左马受困,红方较优。结果黑下风求和(选自全国象棋个人赛火车头宋国强对湖北柳大华的实战)。

10. ······ 车 8 进 5 **11.** 兵三进一 ······

挺兵捉车是红方的一路攻法。也可改走车九平八,黑则车 1 平 2 或炮 2 退 1,另有攻防变化。

11. ······ 车 8 平 7 **12.** 马三进四 炮 2 进 3

13. 相三进一 车 7 进 1

黑方车 7 进 1 不再沿用车 7 平 8,这是徐家亮在第 5 届"松鹤杯"全国老干部象棋邀请赛上使用的一步新招。徐家亮和刘彬如先生在合编的《中炮过河车专集》中评注:"如车 7 进 1,则马六进七,炮 2 平 6,车四退二,红优。"现临阵改招,看来徐先生有了新的研究,可谓是有备而来。

14. 马六进七 炮 2 平 6 **15.** 车四退二 ······

红方退车吃炮嫌软。应改走马七进五踏象为佳,以下黑象 7 进 5,炮七进五,双捉黑方马炮,必得回失子,还赚一象。

| 15.…… | 炮7平8 | 16. 车四平二 | 炮8平9 |

17. 马七退六 ……

仍应走马七进五先手吃象，如此，双方胜负难卜，红方再次失去良机。

17.…… 马3进4

至此，形成互缠之势，相比之下黑方较优。结果经过激战，红方因贪子速招杀戮。

本局例选自山西王晓波先负北京徐家亮的实战对局。

【小结】 此布局黑方第13回合车7进1的新招初次试用得手，杜绝了黑方老式着法车7平8后，红方炮五平三打马立即挑起激烈搏斗的复杂变化。但从实战看，红方错失争先的机会。因此这一新招仍需经实战反复验证，也有待于棋界进一步研究。

第2局　红七路马盘河对黑左车骑河捉马

1. 炮二平五	马8进7	2. 马二进三	车9平8
3. 车一平二	卒7进1	4. 车二进六	马2进3
5. 兵七进一	炮8平9	6. 车二平三	炮9退1
7. 马八进七	炮9平7	8. 车三平四	士4进5
9. 马七进六	车8进5（图2-6-1）

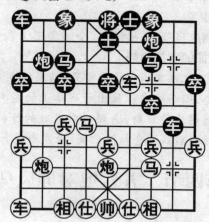

图2-6-1

骑河车捉马，对抢先手！着法积极有力。此变着于20世纪80年代初兴起，以后一度消失。而在21世纪又开始流行，棋手们推陈出新，使这一布局的攻防变化又有了新的研究和发展。

10. 炮八进二　象3进5　　**11.** 炮五平六　……

卸中炮封车,调整阵形,稳扎稳打,待机而动,正着。如改走马六进五,则车8平3,炮八平九,车1平3,车九平八,马7进5! 车八进七,炮7进1,黑方阵形协调工整,足可与红方抗衡。又如改走车九进二,虽变化比较复杂,但演变结果红无便宜,故此手现已少见。

11. ……　　　　卒3进1

兑卒拆散红方炮架是此布局中关键之着。如改走车8进3,则仕四进五,马7进8,相七进五,马8进7,车四平三,炮2退1,马六进七,红方略优。

12. 兵三进一　车8退1　　**13.** 兵七进一　象5进3

14. 炮八平七　马3进4　　**15.** 炮六进三　……

进炮打马先得实惠,算准以后弃回一子争取先手。如改走车四进二,则炮2退1,炮六进三,炮2平6,炮六平二,以后黑有马7进8、车1平4、卒7进1三种着法,变化复杂,各有顾忌。

15. ……　　　　卒7进1　　**16.** 炮六进三! ……

弃子引离,战术巧妙。好棋!

16. ……　　　　炮7平4　　**17.** 炮七平三　车8平7

18. 相七进五　炮2进1　　**19.** 车四退五　象3退5

20. 车九平八　炮2平4　　**21.** 马六进七　后炮进1

22. 马七进八　车1平3

双方均势。[本局例选自"明珠星钟杯"全国象棋十六强精英赛(加赛快棋)河北阎文清对上海孙勇征的实战对局]

【小结】　此布局之变化在实战中较为常见,结果红方虽稍先,但想赢棋颇有难度,基本上以和局告终,因而红方往往出于战略上的需要,在比赛最后一轮和棋就行了,中炮方就会选用此种布局,达到稳中求胜的目的。以上布局为21世纪最新局例之变化,相信今后双方会推陈出新,研究出更新的着数来。

第四节　五六炮对屏风马

第1局　红正马对屏风马7卒左炮封车

1. 炮二平五　马8进7　　**2.** 马二进三　车9平8

3. 车一平二　　卒7进1　　　**4.** 炮八平六　……

红平仕角炮,立意布成攻守兼备的五六炮对屏风马阵势。此阵势有正马和边马两种类型,但实战出现较少,仍在发展之中。

4. ……　　　　　马2进3　　　**5.** 马八进七　车1平2

6. 车九平八　炮8进4　　　　**7.** 车八进六　士4进5(图2-7-1)

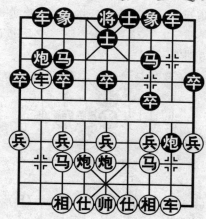

图2-7-1

如图2-7-1形势,红若左马屯边,在实战中时有出现,现红为正马,真是很少。红方左车过河,对黑右翼加压,必然之着;黑方补士,为右马留出退路,较为合理。如改走象3进5,红则兵七进一,士4进5,兵五进一,炮2平1,车八进三,马3退2,车二进一,下伏平八捉马,右车左移,红方优势;又如改走炮2平1,则红车八平七,马3退5,仕四进五,象7进5,兵七进一,红方占优。

8. 车八平七　马3退4　　　**9.** 车七退二　象3进5

10. 兵三进一　卒7进1　　　**11.** 车七平三　炮8平3

12. 车二进九　……

宁丢底相不愿失先,棋风硬朗,有胆识。如改走相七进九,则黑车8进9,马三退二,车2平3,马二进三,车3进4,黑方满意。

12. ……　　　　炮3进3　　　**13.** 仕六进五　马7退8

14. 车三平八　马8进7　　　**15.** 马三进四　马4进3

16. 车八退四　炮3退1　　　**17.** 车八平七　炮3平2

18. 马七进六　马3退4

红方马跃河口,强逼黑马败退,这一进一退,黑方大亏。红方继弃相争先后,又平车左翼封堵、退车撵走底炮、捉炮、跃马吃马,次序井然,丝丝入扣,随时可向黑方发动总攻,形势一片大好。

19. 马四进六　后炮进 5　　**20.** 炮六退二　……

退炮避兑固然不错(如急于前马四进六要杀,则黑后炮 2 平 5,相三进五,士 5 进 6,红方攻势受阻),但似可改走炮六进一避兑,从以下实战进程看,既可避免黑方沉底炮叫将,又可争得一步先手。

20. ……　　　　后炮退 4　　**21.** 车七进六　前炮进 1

22. 炮六进三　后炮进 5　　**23.** 前马进四　士 5 进 6

24. 炮五进四　士 6 进 5(图 2-7-2)

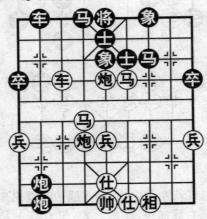

图 2-7-2

如图 2-7-2 形势,形成红攻中路、黑攻侧翼的激烈场面。结果红方获胜。

本局例选自全国第 2 届体育大会象棋赛湖南谢业枧先胜广东吕钦的实战对局。

注:编者对实战的行棋方向做了修改。

【小结】 此布局在实战中较为少见,红方弃相争先后,一路顺风,取得了布局的成功。期待此种新布局能引起棋坛重视,向更深的层次研究与发展。

第五节　五七炮对屏风马

第 1 局　五七炮不进兵对屏风马
进 7 卒右炮封车(1)

1. 炮二平五　马 8 进 7　　**2.** 马二进三　车 9 平 8

3. 车一平二 马2进3 4. 马八进九 卒7进1

红上边马意在均衡出动子力、协调阵形，是一种稳健的下法；黑挺7卒是应对红方这种阵形的惯用手段，进入21世纪，这一阵势的攻防体系又有了新的发展。

5. 炮八平七 车1平2 6. 车九平八 炮2进4

右炮封车，志在反击，至此形成"五七炮不进兵对屏风马进7卒右炮封车"的布局定式。黑方也有炮2进2或炮8进4的走法，前者下法较为传统，后者为目前流行的变着，详见下面介绍。

7. 车二进四 象3进5

红车巡河防黑平炮兑车，当然之着；黑飞右象是近期新兴的走法，也是对象7进5或炮8平9传统走法的改进。

8. 兵九进一 炮2退2

红挺边兵迫黑炮还原成炮2退2的变化。通常此着多走兵三进一，则卒7进1，车二平三，马7进6，车三平四，车2进4，马三进二，炮2平5或马6退7，双方另有攻守；黑方先飞右象再退炮巡河为象棋大师湖北李雪松在"西门控杯"第2届全国象棋大师冠军赛上所创。其构思是红如接走车二进二，则马7进6，车八进四，卒3进1，还原成传统的变化格局。

9. 车二进二 ……

红如改走车八进四左车巡河，不怕黑马7进8打车争先，为最新变着，详见下局。

9. …… 马7进6 10. 车八进四 卒3进1

至此，果然形成了老式流行变化，看来双方对此变化都充满信心，这是全国象棋甲级联赛第3轮广东吕钦对甘肃李家华的实战。

11. 车二退三 士4进5

红方退车兵林线，是对车二退二的改进！意在牵制黑无根车炮的同时，加强对黑盘河马的控制。

12. 炮七退一 马6进7（图2-8-1）

13. 炮五平七 ……

卸中炮至七路威胁黑方3路线的攻法曾流行一时，近期又重新兴起。早期红方攻法还有车二平三，则炮8平7，车三平四，炮7进5，兵七进一，卒3进1，车八平七，炮7平1，相七进九，马3进4，兵五进一，炮2进5，相九退七，车2平4，双方形成均势。

13. …… 马3进4！

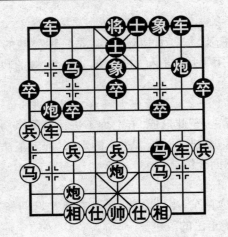

图 2-8-1

黑跃河口马避红炮锋芒，是陶汉明特级大师首创。

14. 前炮平八　　卒3进1　　　**15.** 车八平七　　车2平4

16. 相三进五　　马7退8!

退马打车，是摆脱牵制、简化局势的争先佳着。

17. 车二进二　　马4进5　　　**18.** 车二进二　　车8进2

19. 马三进五　　炮2进2　　　**20.** 马五退三　　车4进7

21. 车七平八　　车4平2

红方弃炮无奈。如改走炮八退二，则黑车8进5捉马，伏炮2平9的凶着，红方受攻不容乐观；黑方吃回失子。可见上述马7退8的妙用。

22. 炮七平五　　车8进1　　　**23.** 马三进四　　车8进2

24. 车八进五　　士5退4　　　**25.** 炮五进五　　士6进5

26. 马四进三　　炮2退4　　　**27.** 炮五平一　　象5进3

至此，红方车困底线，难以进取，结果双方握手言和。

【小结】 此布局后手方使用马3进4的新着，第16回合妙手退马打车争先，简化局势，逼和了强劲对手，布局取得了成功。

第2局　五七炮不进兵对屏风马
进7卒右炮封车（2）

1. 炮二平五　　马8进7　　　**2.** 马二进三　　车9平8

3. 车一平二　　马2进3　　　**4.** 马八进九　　卒7进1

5. 炮八平七 车1平2　　6. 车九平八 炮2进4

7. 车二进四 象3进5　　8. 兵九进一 炮2退2

9. 车八进四(图2-9-1)……

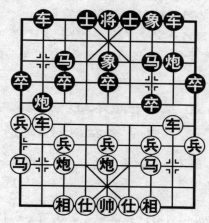

图2-9-1

如图2-9-1形势,红方高车巡河为改进之着! 避免了车二进二,马7进6,车八进四的流行套路,想必红方是有备而来。这是第4届"嘉周杯"象棋特级大师冠军赛浙江于幼华使用的招法。

9. …… 马7进8　　10. 车二平一 马8进7

黑马踏兵捉车,看似先手,但被红车一进二后,左翼无根车炮有被牵之虑。似不如改走炮8平7,红如接走车一进二,则炮7进4,相三进一,马8退7踩车争先,要比实战走法为好。

11. 车一进二 马7进5

黑马换炮,步数亏损,否则红有炮打中卒的手段。

12. 相七进五 炮8进5

不如改走炮8平6稳健。

13. 车一退二 士4进5　　14. 兵七进一 卒7进1

15. 车一平三 车8进4　　16. 车三平六 炮2平7

17. 马三进四 车8进1　　18. 炮七平二 车8进2

19. 马四进六 车2平4　　20. 兵七进一 ……

送兵迫黑炮右移,破坏黑退炮保马协调布置线,为扫卒争势埋下伏笔,是平淡之中的精彩之着。

20. …… 炮7平3　　21. 马六进四 车8平6

22. 车六进五　马3退4　　23. 马四退三　车6进1

24. 车八进二　炮3平7　　25. 车八平七

至此,红车占据卒林要道,取得多兵之势,结果红方获胜。

本局例选自于幼华先胜刘殿中的实战对局。

【小结】　红方高车巡河是突破常规的一种新尝试,寓守于攻,黑方应对稍有失误,致使红方持多兵之势步入中残局;黑方第10回合若改走炮8平7,将不乏与红方抗衡之机。

第3局　五七炮不进兵对屏风马
进7卒左炮封车(1)

1. 炮二平五　马8进7　　2. 马二进三　车9平8

3. 车一平二　马2进3　　4. 马八进九　卒7进1

5. 炮八平七　车1平2　　6. 车九平八　炮8进4

至此形成五七炮不进兵对屏风马进7卒左炮封车,是继炮2进2、炮2进4之后的马方重要变例,也是黑方变化的一大突破。这是特级大师黑龙江王嘉良在沈阳"墙砖杯"北方象棋大师邀请赛中首创的,并在此次赛事中战胜特级大师河北刘殿中,且一举捧杯。此变例21世纪以来迅速发展,形成"左炮封车"热!此例变化多端,着法精彩,引人入胜,目前大有超越"右炮封车"的趋势。

7. 车八进六　炮2平1　　8. 车八平七　车2进2

9. 车七退二　马3进4(图2-10-1)

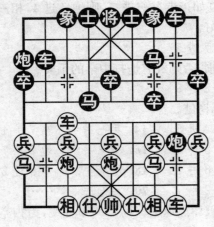

图2-10-1

　　如图2-10-1形势,黑方这手跃马河口是新招。这是全国象棋甲级联赛第9轮河北申鹏迎战江苏队李群使用的招法,由于河北积分落后,此战放手一搏,想必是有备而来。一般黑方此着多走象3进5或马3进2,均各具攻防变化。

　　10. 兵三进一　……

　　红兵三进一邀兑防黑马4进5的攻着,选择稳健。如改走车七平六,则车2进2,炮七进七,士4进5,双方形成复杂的对攻局面,相比之下,红方难控局势,不容乐观。

　　10. ……　　　象3进5　　11. 兵三进一　象5进7

　　12. 炮七退一　……

　　退炮新颖,如改走马三进二,则炮8平6,炮五平二,炮6平8,炮二平一,马4进5,炮七平五,炮1进4,车二进三,象7进5,黑方弃子有攻势,双方形成混战。

　　12. ……　　　象7进5　　13. 马三进二　炮8平7

　　14. 炮五平二　车8平9　　15. 相三进五　士6进5

　　16. 车二平三　……

　　以往双方也曾走出相同局面,当时红走车七平三,车2进3,车三平八,马4进2,车二平三,马2进1,炮二平九,车9平8,车三进三,车8进5,炮九进四,马7进6,车三进一,车8平7,相五进三,结果弈和。现走车二平三,看来也是有备而来。

　　16. ……　　　炮7平8　　17. 炮七平五　车9平6

　　红方平中炮,暗伏车二进三捉死炮;黑方出贴身车将计就计,准备弃子抢攻。

　　18. 车三进三　车2进6　　19. 车七平六　……

　　红如改走车三平二,则车2平4,车二平四,车6进6,马二退四,炮一平四,炮五平三,车4进1,帅五进一,马4进5,车七平五,马7进6,黑方弃子有攻势,红不乐观。

　　19. ……　　　马7进6!

　　妙手反击,精彩之着! 由此获得主动。

　　20. 马二进四　车6进4　　21. 车三平二　炮1平4

　　打车正着。如误走将5平6,则车二进六,将6进1,炮五平四,车2平6,仕四进五,红方优势。

　　22. 车二进六　士5退6　　23. 炮二退一　车2退1

　　24. 炮二进一　车2进1　　25. 炮二退一　车2退1

　　26. 车六平七　车2平4　　27. 炮五平六　车4进1

　　至此,黑方夺回弃子,占据优势,结果获胜。

【小结】 此布局黑马 3 进 4 的新招为左炮封车开辟了新途径,取得了布局成功,这无疑给红方提出了新的研究课题。

第 4 局　五七炮不进兵对屏风马
进 7 卒左炮封车（2）

1. 炮二平五　马 8 进 7　　**2.** 马二进三　车 9 平 8

3. 车一平二　马 2 进 3　　**4.** 马八进九　卒 7 进 1

5. 炮八平七　车 1 平 2　　**6.** 车九平八　炮 8 进 4

7. 车八进六　炮 2 平 1　　**8.** 车八平七　车 2 进 2

9. 车七退二　马 3 进 2!

黑进外胁马寻求对攻,是对象 3 进 5 的传统走法的积极改进!

10. 车七平八　马 2 退 4　　**11.** 兵九进一　……

进边兵使车生根,属缓攻型战法,这是全国象甲联赛第 7 轮上海孙勇征对北京张强使用的着法。如改走车八平六,马 4 进 2,炮七进七,炮轰底象属特级大师广东吕钦首创"飞刀",此后在全国团体赛上屡屡获胜,引起棋界高度重视,纷纷研究破解之法。于是黑方在第 19 回合还以炮 8 平 5 照将,系江苏特级大师徐天红所创的反击"飞刀",取得理想效果。详情请参阅镇江全国象棋个人赛云南王跃飞对江苏徐天红局例。

11. ……　　　象 7 进 5　　**12.** 车二进一　……

乘机摆脱封锁,意在穿宫捉马,迫黑兑车争先。红如改走车八进三兑车亦可,则马 4 退 2,车二进一,士 6 进 5,车二平八,马 2 进 3,车八进三,炮 8 退 1,炮五平六,红方稍好。

12. ……　　　车 2 进 3　　**13.** 马九进八　马 4 进 2

14. 炮七退一（图 2-11-1）　……

退炮是新招,避开黑马 4 进 2 的先手,以静制动。一般此着多走炮七平八,则炮 1 平 2,炮八进三,炮 2 进 3,车二平四,炮 2 进 2,炮五退一,士 6 进 5,车四进三,车 8 平 6,车四平二,车 6 进 7,车二退一,车 6 平 7,炮八进二,红方仍持先手。

14. ……　　　马 2 进 4　　**15.** 车二平六　马 7 进 6

16. 马八进六　马 4 进 5　　**17.** 相三进五　士 6 进 5

18. 兵七进一　……

错失扩大攻势的良机。应改走马六退四,伏车六进四和车六进七塞象眼闷杀的手段,黑若接走炮 1 进 4,则红车六进四,马 6 退 7,车六平三,红方大优。

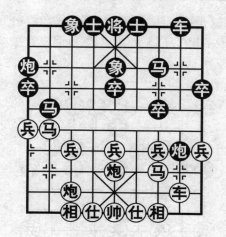

图 2 – 11 – 1

18. ……　　　马6进7　　19. 马六进八　炮1平2

20. 炮七平八　炮8退4

至此双方局势平稳。后因黑方错失扩优良机和时限紧张,结果红方获胜。

本局例选自孙勇征先胜张强的实战对局。

【小结】 此布局红方第14回合退炮新招,遥控黑方底象,对黑较有牵制。如按第18回合评注所述之着,红方可以保持先手并扩大优势。

第六节　　五八炮进三兵对屏风马挺3卒

第1局　　红左马屯边对黑补右士

1. 炮二平五　马8进7　　2. 马二进三　卒3进1

黑方抢挺3路卒,是战略上的考虑,旨在把布局纳入赛前准备和自己擅长的轨道。

3. 车一平二　车9平8　　4. 兵三进一　马2进3

5. 马八进九　……

也可先走炮八进四,则象7进5,红方伺机左马正起或屯边(左马正起下局介绍),这样,左马的去处可多出一种选择。先左马屯边,红方八路炮就有平七、平六或炮八进四等多种选择,各有利弊。

5. ……　　　士4进5

先补右士是新招,这是第二届"杨官璘杯"全国象棋公开赛庄玉庭特级大师弈出的着法。此手一般多走卒1进1,象7进5,但也有象3进5或炮8进4等下法,各有特点,变化各异。

6. 炮八进四(图2-12-1) ……

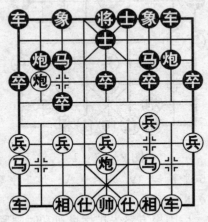

图2-12-1

挥炮过河欲打卒窥象,是针对黑方补右士的极佳选择。至此形成了五八炮的阵形,但此种棋型是五八炮进三兵对屏风马挺3卒布局体系中较为少见的一种变例。

6. …… 　　象7进5　　**7. 车九进一** 卒1进1

8. 炮八平三 卒1进1　　**9. 车九平八** 炮2进2

10. 炮五平七(图2-12-2) ……

这是湖北程进超对庄玉庭弈出的冷招,既灵活凶狠又诡秘阴沉,这步别具一格的好手,对程进超来说可谓轻车熟路,得心应手,程进超曾用此着战胜过上海宇兵,看来庄玉庭临阵难解这手"飞刀",不幸惨遭厄运。现将程进超用此"飞刀"战胜上海宇兵对局摘录如下:如炮五平七,则炮2平1,兵七进一,马3进4,兵七进一,象5进3,车八进四,象3进5,车二进五,卒1进1,车二平六,卒1进1,车六进一,炮8进1,炮七进二,卒5进1,炮七平九,车1平3,车六退一,炮1退1,车六平五,炮1平5,相七进五,红方占尽先机,子力活跃,形势乐观。

10. …… 　　炮8平9

平炮兑车从以下实战进程看并不理想。黑此时另有两种变化:①卒1进1,则红兵七进一,卒1进1,兵七进一,卒1进1,车八进三,象5进3,炮七进五,炮8进2(不能炮8平3,否则红可车二进九,黑丢车输定),相三进五,车1进4(如

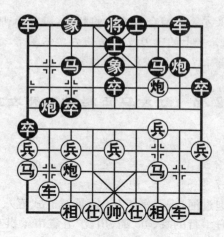

图 2-12-2

车 1 进 2,则车八进一,炮 8 平 2,车二进九,车 1 平 3,车二退二,红优),炮七平八,红方子力活跃,黑方受制;②卒 1 进 1,兵七进一,车 1 进 5,相三进五,炮 2 进 2(如卒 1 进 1,兵七进一,炮 2 进 3,炮七进五串打,黑有丢子的危险,红优),兵七进一,马 3 进 1,炮三平九,车 1 退 2,兵三进一,象 5 进 7,车二进六,象 7 退 5,车二平三,车 8 平 7,马九进七,红方子力占位极佳,优势。如果说黑方此时没有更佳应手的话,是不是可以说黑方开局的着法需要改进呢? 这是一个值得注意和有必要深入探讨的课题。

11. 兵七进一　车 8 进 9

12. 马三退一　卒 1 进 1

13. 兵七进一　象 5 进 3

黑方如改走卒 1 进 1,则炮七进五,马 7 退 8,车八进四,炮 9 平 3,相三进五,红方子力活跃且多兵,形势占优。

14. 马九进七　炮 2 进 2

15. 马二进三　象 3 进 5

16. 车八平二　炮 2 退 4(图 2-12-3)

以上着法红方弈得十分精彩。如图 2-12-3 形势,红左车右移,直击黑方软肋,黑方顾此失彼,防不胜防,红方优势,结果获胜。

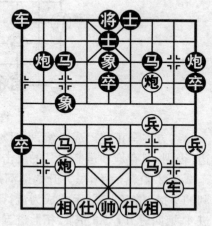

图 2-12-3

炮战新法与印象布局

【小结】 此布局黑方第5回合补右士的新招,难以抵御红方五八炮的攻击,尤其红方第10回合炮五平七的飞刀更具杀伤力。依笔者之见,黑方第5回合还是按常规走卒1进1或象7进5,较能与红方对抗。

第2局　红左马正起对黑补左象

1. 炮二平五　马8进7　　2. 马二进三　车9平8
3. 车一平二　马2进3　　4. 兵三进一　卒3进1
5. 炮八进四　象7进5　　6. 炮八平七　……

红左马不动就挥炮过河,现又平炮压马,是对老式五八炮攻法的创新,这是特级大师胡荣华在上海举行的皖、苏、浙、川、沪五省市象棋友谊赛中对四川刘剑青首次采用的,开辟了一条新的进攻途径。

6. ……　　　车1平2　　7. 马八进七　炮2进2(图2-13-1)

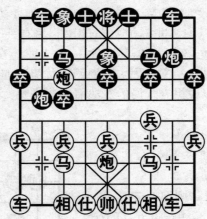

图2-13-1

红方左马正起已成必然,也可加强中心区域的作战能力,此时当然不宜再屯边,否则,黑有炮2进5攻马的反击手段,以下红马三进四,车2进3,炮七平三,车2进2,红落后手,黑方升炮巡河严守兼可兑7卒活通左马路,是一步攻守两利的举措,早有出现,至今成为流行着法。黑如改走炮2进4,则炮五平四!炮8进4,炮四进五,马3退1,相七进五,士6进5,炮四退一,马1进3,仕六进五,炮8平7,车二进九,马7退8,车九平六,马8进7,兵五进一,形成互缠之势。相比之下,红方略优。这是厦门郭福人先胜甘肃李家华的实战对局。

8. 车九平八　车2进3　　9. 炮七平三　卒5进1

10. 兵三进一　象 5 进 7　　**11.** 马三进四　……

红如改走炮三平七,则车 2 平 3,车八进五,象 7 退 5,车八退一,士 6 进 5,车八平三,马 7 进 6,炮五进三,马 6 退 8,炮五平二,车 8 平 6,车三进三,炮 8 进 2,车二进五,兑子简化,呈现均势。

11. ……　　　　　车 2 平 6　　**12.** 车八进四　……

如改走车二进四,则炮 8 退 1,车八进一,象 3 进 5,炮五平四,炮 8 平 2,炮四进四,车 8 进 5,马四退三,车 8 平 4,黑方先手。

12. ……　　　　　炮 8 进 3　　**13.** 马四退三　炮 8 退 4

14. 兵七进一　……

兑七路兵为坏棋,是局势恶化的根源。应改走车二进六,则炮 8 平 2,车二进三,炮 2 进 4,车二退五,车 6 平 7,车二平八,象 7 退 5,马三进四,车 7 平 6,双方呈现均势。

14. ……　　　　　炮 8 平 2　　**15.** 车二进九　马 7 退 8

16. 车八平九　卒 1 进 1　　**17.** 车九进一　后炮平 3

18. 马三进二　马 8 进 6　　**19.** 炮三进一　士 6 进 5

黑方占优,结果获胜。

【小结】　此布局红挥炮过河后,继而压马,左马正起,属稳健型战法,屏风马方如应对无误,双方局势大致相当。相信在今后的棋战中,中炮方左马正起式布局,定有新的开拓与发展,随之而来的将是屏风马方的应对之策,这势必推动此布局向纵深发展。

第七节　中炮直横车对屏风马两头蛇

第 1 局　黑 补 右 士

1. 炮二平五　马 8 进 7　　**2.** 马二进三　车 9 平 8

3. 车一平二　卒 7 进 1　　**4.** 车二进六　马 2 进 3

5. 马八进七　……

左马正起取代进七兵,使左翼大子尽快出动,意在发动中路攻势,成为先手方以此布局的主要进攻方案,在重大比赛中为棋手们所喜用。

5. ……　　　　　卒 3 进 1　　**6.** 车九进一　士 4 进 5

红方高左横车,至此已形成中炮直横车对屏风马两头蛇的基本阵势;黑方补右士巩固中防以逸待劳并含有防守反击之意图。如改走炮2进1进炮逐车,将形成另路变化,各具攻防。

7. 车九平六　炮2平1

黑平边炮准备亮右车牵制红方左翼、伺机反击、针锋相对。如改走马7进6,则兵五进一,卒7进1,车二平四,马6进7,马三进五,炮8平7,马五进三,马7退5,车四平二,车8进2,仕四进五,炮7进2,炮五进四,车8平5,车六进三,车5进1,车二平五,马3进5,车六平五,马5退7,马七进五,象3进5,炮八平五,炮2进1,车五平四,炮2平5,车四进二,炮5平4,相三进五,红方子力位置占优。选自吕钦对郑一泓的实战。

8. 兵五进一　车1平2　　　**9.** 马三进五　象3进5(图2-14-1)

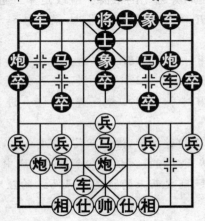

图2-14-1

如图2-14-1形势,这是全国象棋个人赛安徽倪敏对北京孙博的实战。此手飞象是黑方精心准备的一把"飞刀"。通常黑有马7进6、车2进6、炮8平9、炮1进4四种选择,现将较为流行的炮1进4着法试演如下:炮1进4,则红炮八平九,炮8平9,车二平三,炮9进4,兵三进一,车8进9(如炮1平5,马七进五,车8进6,马五退三,炮9平3,车六进七!马7退9,兵五进一,红方优势),马五退三,车8平7,马七进九,炮9进3,车六平一,车2进6,车三进一,象3进5,兵三进一,车2平1,车三平二,车7退2,车一退一,车7退3,车二退四,卒3进1,双方各有千秋。选自广东许银川先和吉林陶汉明之对局。

10. 炮八平九　炮8平9　　　**11.** 车二平三　炮9进4

12. 兵五进一　卒5进1　　　**13.** 马五进四　炮9进3

14. 马四进三　车8进9　　　**15.** 马七退五　炮1进4

炮击边兵伏炮1平7打双,似凶实缓,可改走车8退1,以下红如车三平一,则炮9平8,车一平四,马3进2,马三退一,马2进3,车六进一,炮1进4,形成混战,虽失一子,但可在乱战中寻机。

16. 炮五进五! 象7进5 **17.** 炮九平五 ······

再架中炮强攻是上一手弃炮轰象的连贯动作,走得十分精彩,由此黑方计划落空,防线彻底被摧毁。

17. ······ 马3退4 **18.** 车六进七 车2进2

19. 车三平一

至此红方大占优势,结果红方获胜。

【小结】 此布局,黑象3进5的"飞刀"战法,从实战看并未命中目标,需经实战继续探索。但黑方第15回合炮1进4正中红方炮轰中象的下怀,似应改走车8退1,尚可争取在混战中寻找机会。

第2局 红兑七兵

1. 炮二平五 马8进7 **2.** 马二进三 车9平8
3. 车一平二 卒7进1 **4.** 车二进六 马2进3
5. 马八进七 卒3进1 **6.** 车九进一 炮2进1
7. 车二退二 象3进5 **8.** 兵七进一 ······

红方选择兑七兵通左马,是中炮直横车对屏风马两头蛇的主要变例之一。除此之外,尚有兵三进一的下法,则另具变化。

8. ······ 炮8进2 **9.** 车九平六 ······

红车控肋,迅速出动主力,是正确的选择。以前曾出现过兵三进一的下法,形成四兵(卒)相见,黑可走卒3进1,兵三进一,卒3进1,马七退五,象5进7,车九平七,马3进4,马三进四,马4进6,车二平四,车1平3,红方这路变化导致黑方兵力舒展,易于反击。现这一变化逐渐淡出。

9. ······ 士4进5 **10.** 车六进七 ······

红方进车下二路是特级大师广东许银川的创新战法,近期比较流行。早期还有车六进五的攻法,则炮2退3,马三退五,炮2平3,兵七进一,炮8平3,车二进五,马7退8,马七进六,马8进7,双方另有攻守(选自赵国荣对吕钦的实战)。但红方这种进车捉炮战法,现已在实战中运用较少。

10. ······ 车1平3(图2-15-1)

如图2-15-1形势,这是"启新高尔夫杯"全国象棋甲级联赛广东吕钦对浙

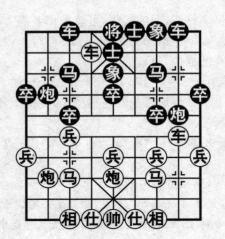

图 2-15-1

江于幼华的实战。黑方这手象位车伺机而动，是稳健着法，也是较为多见的变化。两位下到此局面时，于幼华特级大师采用的是炮 2 进 3，车六退五，炮 2 退 6，兵三进一，卒 3 进 1，兵三进一，炮 2 平 3，兵三平二，卒 3 进 1，车六进五，卒 3 进 1，车六平七，马 3 进 2，车七退六，马 7 进 6，车二平八，马 2 进 4，车七进二，炮 3 进 4，炮五平六，车 8 进 4，炮六进一，红方略优，以后残局获胜。

11. 炮五平六　……

卸中炮助联士相，是稳步进取的走法。在以往的对局中，红方大多采取兵三进一形成"四兵相见"变例，以下黑方可接走炮 2 进 1，马三进四，卒 3 进 1，兵三进一，象 5 进 7，马四进二，卒 3 进 1，车二平七，车 8 进 4，车七退一，象 7 退 5，车七进一，炮 2 平 3，双方大体呈均势。这是第 6 届象棋世界锦标赛中国许银川对阎文清的实战。

11. ……　　马 3 进 4　　12. 相七进五　马 7 进 6

13. 马七进六　……

跃马邀兑是求变新招，企图一车换二打开局面。如改走车六退三，则卒 7 进 1，车二退三，卒 7 平 8，车六平四，炮 8 进 4，黑有卒过河占优。以往也曾有对局弈到此形势下，当时双方的进程是，红兵七进一，卒 7 进 1，车二平三，马 4 进 5，马三进五，马 6 进 5，车三平八，炮 2 进 4，车八退二，马 5 进 3，车八平七，双方大体呈均势，后下成和局。

13. ……　　炮 2 进 2　　14. 车二进一　车 8 进 4

15. 马六进四　车 3 平 4　　16. 车六平八　马 4 退 3

17. 仕六进五　炮 2 退 1　　**18.** 马四进五　……

红方的新招战法并未取得实质性进展,被黑见招拆招,一一化解。现马踏中象决一死战,似嫌过急,并无入局手段。当走马四进三,车 8 退 2,兵七进一,象 5 进 3,马三退五,马 3 进 5,车八退三,象 3 退 5,局面趋向和势。

18. ……　　　　象 7 进 5　　**19.** 车八退一　　车 4 平 3

20. 炮六平七　卒 3 进 1　　**21.** 相五进七　……

如改走炮七进五,则卒 7 进 1,兵三进一,车 8 平 3,吃回一子,黑方胜势。

21. ……　　　　车 3 平 2　　**22.** 车八平七　　车 2 平 3

23. 车七平五　……

黑方弃还一子,减少纠缠,走得简单明了,再次兑车,欲形成有车对无车的易下盘面;红方避兑而斩象继续纠缠,错失最后的和棋机会。

23. ……　　　　车 3 进 5　　**24.** 炮七平五　　车 3 进 2

至此,红方形势急转直下,结果黑方获胜。

【小结】 红方马七进六以一车换双的新招,并未取得较好效果。此布局红若求平稳,双方可望形成均势局面。

第八节　中炮直车七路马对屏风马双炮过河

第 1 局　　红横车左肋对黑右车压境

1. 炮二平五　马 8 进 7　　**2.** 马二进三　车 9 平 8

3. 车一平二　马 2 进 3　　**4.** 兵七进一　卒 7 进 1

5. 马八进七　炮 2 进 4

黑右炮过河是此形势下既流行又积极的下法。需向读者指出的是,若改走炮 8 进 4,红则炮八进二,伏有兵三进一兑兵活马的先手,进炮次序不同,实战效果大不一样。

6. 兵五进一　炮 8 进 4(图 2-16-1)

红进中兵最具攻击性与复杂性,是红方广为采用的攻法;黑左炮封车,积极有力。如图 2-16-1 形势,双方形成中炮直车七路马对屏风马双炮过河的典型阵势。

7. 车九进一　……

红高左横车,正着。如改走兵五进一,则士 4 进 5,兵五平六,象 3 进 5,兵六

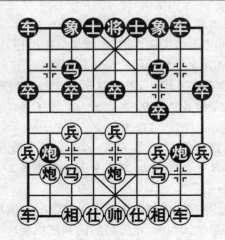

图 2 – 16 – 1

进一,车1平4,兵六平七,马3退1,红虽有一兵过河,但影响大子出动速度,黑方布局满意。

7.……　　　　炮2平3

压马打相,开通右车出路,着法积极有力,是对旧着象3进5的改进。

8. 相七进九　车1平2　　**9. 车九平六**　　**……**

车占左肋,正确的选择。如改走车九平四则自塞相眼,黑可炮3平5,仕四进五,车2进7,马三进五,炮8平5,车二进九,马7退8,马七进五,车2平5,红方失子败势。

9.……　　　　车2进6

右车压境,准备弃子夺势,有胆有略。目前黑方另有两种应法,举例如下:①炮3平5,仕六进五,车2进7,马三进五,车2退1,车六进六,炮8平5,车二进九,马7退8,车六平七,象7进5,车七退一,红方易走,最后获胜。该例选自第7届"五羊杯"全国象棋冠军赛吕钦对柳大华之战。②炮3平6,是近年来较为流行的应着。详见下局介绍。

10. 兵三进一!　　**……**

弃三兵拆去黑炮架是步争先夺势的新招。乃卜凤波对吕钦实战时所首创。过去此手红方多走车六进六捉马,则象7进5,车六平七,士6进5,仕四进五,炮8退1,兵三进一,炮8平5,车二进九,马7退8,马三进五,卒7进1,红得子,黑多卒占势,双方各有顾忌(选自杨官璘战和王嘉良之局例)。

10.……　　　　卒7进1　　**11. 车六进二　炮8退2**

12. 兵五进一　士4进5

随手的坏棋。应改走士6进5,即可在战至第16回合时,破坏红方先弃后取的战术。

13. 马三进五 炮3平5 **14.** 车六平五 车2退2

亦可改走车2平5,则马七进五,卒7平6,马五进六,炮8平4,车二进九,马7退8,兵五平六,再兑一车后,局势简化,红虽稍好,但和势甚浓。

15. 炮八进二 炮8进3 **16.** 炮八平三! 炮8平3

17. 车二进七!(图2-16-2)

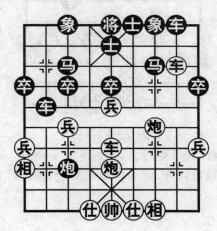

图2-16-2

至此,如图2-16-2,红方妙手进车捉马,追回失子,形势大占优势,最终获胜。

本局例选自梅娜先胜钟涛的实战对局。

【小结】 从实战看红第10回合弃三兵战术获得成功。值得提出的是第12回合黑方如补左士,红方无先弃后取的战术手段,胜负将取决于中残局的较量;第14回合黑若选择兑车,演变下去形成无车争斗,红方残局形势虽较为乐观,但毕竟局势简化,黑争和势不难。

第2局 红横车左肋对黑右炮过宫

1. 炮二平五 马8进7 **2.** 马二进三 车9平8

3. 车一平二 卒7进1 **4.** 兵七进一 马2进3

5. 马八进七 炮2进4 **6.** 兵五进一 炮8进4

7. 车九进一　炮2平3　　**8.** 相七进九　车1平2

9. 车九平六　炮3平6(图2－17－1)

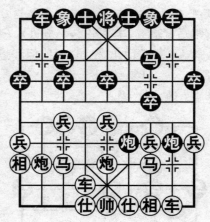

图2－17－1

如图2－17－1形势,黑平炮过宫,伏炮6进1串打,与上局相比,由空间上的压制转为战术反击,以攻代守,使局势更趋复杂、尖锐。它是近年来被广泛认可的应着。

10. 车六进六　……

红进车捉双马,已势在必行。如示弱改走仕六进五,则士6进5,兵五进一,车2进6,炮八退二,象3进5,炮八平七,炮6平3,马七进五,卒5进1,马五进六,马3进5,兵三进一,炮3平7,炮七进六,卒7进1,车六进三,炮8退2,马三退一,炮7平5,车二进三,炮8平4,车二进六,马7退8,车六进一,卒7进1,黑方多卒过河,形势大优(选自赵庆阁先负胡荣华之战)。

10. ……　炮6进1

黑进炮串打势在必行,如改走象3进5,红则兵五进一,炮6退4,兵五进一,炮6平4,兵五进一,士4进5,兵五平六,士5进4,车二进一,炮8退3,炮八退一,红弃车换炮取势,机会多多(选自王斌先胜黄竹凤之战)。

11. 兵五进一　……

如改走马七进六,请参阅2006年全国象棋联赛大连金松先负广东许银川之局:马七进六,黑则炮6平2,马六进五,马7进5,炮五进四,车8进3,炮五退一,将5进1,车六平七,车2进6,仕四进五,炮8进1,车七进一,将5退1,相九退七,车2平7,马三退四,车7退1,车七退一,将5进1,车七平八,炮2平3,黑方反先,占优。

11. ……　　　　炮6平3　　**12.** 兵五进一　士4进5

13. 车六平七　马7进6　　**14.** 兵五平六　象3进5

15. 兵六进一　马6进7　　**16.** 兵六平五　马7进5

17. 炮八平五　炮3平7　　**18.** 炮五进一　……

　　红方进炮拦炮兼护左翼边相，为新变之着，从实战看效果并不理想。早在第1届全国体育大会"滕头杯"象棋赛上，洪智对许银川弈至此形势时，红走兵五进一，将5进1，车七进一，将5退1，车七退二，炮7平1，车七平五，士6进5，炮五进六，车8进3（高车献车，解杀还杀，飞刀之着，异常精妙！红如吃车，黑伏炮8平3，绝杀无解）！车五退三，炮1进2，帅五进一，车2进8，帅五进一，车2退1，帅五退一，车2进1，帅五进一，车2退6，炮五平四，将5平6，车二进二，车8退1，车二进一，车8进4，车五平二，车2平5，帅五平六，将6进1，黑胜。

18. ……　　　　炮8进2（图2-17-2）

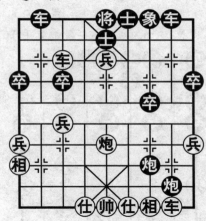

图2-17-2

　　黑进炮封住红方二路车，好棋！如图2-17-2形势，红方中兵只能换士，单车伐炮难成气候，黑方有惊无险，多子占势，胜局不可动摇，最后入局手法干净利索。

　　本局例选自王斌先负许银川的实战对局。

　　【小结】　此布局红方弃子有势，黑方多子受攻，孰优孰劣，难下定论。从高手实战看黑占上风，此局红方炮五进一的新变并不理想。依笔者之见，红方第18回合若改走炮五进六轰士，尚有些变化，这值得研究和探讨。

第三章 顺　　炮

第一节　顺炮直车对横车

第1局　红正马两头蛇对黑平右边炮(1)

1. 炮二平五　炮8平5　　**2.** 马二进三　马8进7

3. 车一平二　车9进1　　**4.** 马八进七　车9平4

5. 兵三进一　马2进3　　**6.** 兵七进一　炮2平1(图3-1-1)

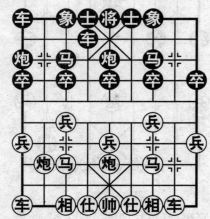

图 3-1-1

如图3-1-1形势，黑平边炮亮车是后手方的一种布局思路，开滦蒋凤山喜用此布局。如改走车1进1则形成常见的两头蛇对双横车的布局定式，双方另有攻防变化。

7. 车九平八　车4进5

黑车进兵林线，对红方左马加压，是抓住红方"两头蛇"布局中七路马薄弱而实施攻击的重要战术手段。如改走车1平2出车，红炮八进四封车，车4进3，车二进八，红方占优。

8. 马三进四 ……

红进马踩车,针锋相对,如示弱改走炮五平四,则黑卒 5 进 1,炮四进一,车 4 退 2,相七进五,卒 5 进 1,兵五进一,卒 3 进 1,黑方可战;又如改走炮八平九,则黑车 4 平 3,马三退五,车 1 进 1,炮五平三,卒 5 进 1,黑方足可抗衡。

8. …… 车 4 平 3 **9.** 马四进六 ……

如改走马七退五,则卒 3 进 1,马五进三,卒 3 进 1,炮八进四,卒 3 平 4,车二进八,车 1 平 2,双方各有千秋,但黑有卒渡河可以满意。

9. …… 车 3 进 1 **10.** 马六进七 炮 1 进 4

11. 炮八进七 ……

另有炮八进五和炮八进四两种战法,虽各具变化,但都没有此手攻着更为有力。

11. …… 炮 5 进 4 **12.** 仕四进五 炮 1 平 3

13. 相七进九 车 3 平 1(图 3－1－2)

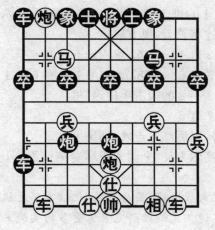

图 3－1－2

如图 3－1－2 形势,这个布局变化在近期大赛中屡次出现,大有兴起之势。

14. 帅五平四 ……

出帅摆脱红八路车受制的局面,是"启新高尔夫杯"全国象甲联赛第 2 循环比赛江苏王斌弈出的着法。如改走车二进七捉马,详见下局介绍。

14. …… 后车进 2 **15.** 马七进六 后车平 6

16. 炮五平四 车 1 平 6

弃车砍炮,欲强攻入局,先发制人!

17. 仕五进四 车 6 进 5 **18.** 帅四平五 炮 5 退 1

19. 马六退七　象 3 进 5　　　**20.** 炮八退五　……

红退炮解杀是唯一的选择，如误走帅五进一，则炮 3 平 5，帅五平六，车 6 进 1，仕六进五，车 6 平 5，帅六进一，后炮平 4，炮八退五，炮 4 退 1，兵七进一，炮 4 进 1，成绝杀之势，黑方速胜。

20. ……　　　　炮 5 退 1　　　**21.** 兵七进一　卒 3 进 1

吃卒正着。如误走炮 5 进 1，则帅五进一，炮 3 平 5，帅五平六，车 6 进 1，帅六进一，车 6 退 7，炮八平六，红方解杀还杀，抢攻在前，黑难以招架。

22. 车二进三　……

红方进车捉炮而弃马是新招，旨在调虎离山，实施强攻，黑若贪马走炮 3 退 4，则红炮八进五，形成双车左右夹击，黑方难走。

22. ……　　　　车 6 平 5　　　**23.** 帅五平四　车 5 平 6

24. 帅四平五　卒 3 进 1　　　**25.** 车二平六　……

平车叫杀再度弃马，不如改走以车砍炮可获简明胜势，试演如下：车二平七，则卒 3 进 1，炮八进五，士 6 进 5，炮八平九，将 5 平 6，车八进九，将 6 进 1，车八平三，下伏炮九退一的连将杀着，黑方输定。

25. ……　　　　炮 3 退 4　　　**26.** 炮八进五　车 6 平 5

27. 帅五平四　车 5 平 6　　　**28.** 帅四平五　车 6 进 1

黑车点穴，暗伏卒 3 平 2 的闪击手段，好棋！

29. 车六进四　马 7 退 5

双方形成互缠之势，以后红走软，结果黑胜。

本局例选自"启新高尔夫杯"全国象甲联赛第 2 循环比赛，江苏王斌先负开滦蒋凤山的实战对局。

【小结】 本局双方形成激战，虽为黑胜，但红亦不乏机会。感觉若红方应对无误，开局算是不错，不过仍需继续研究且需更多的实战来检验。

第 2 局　红正马两头蛇对黑平右边炮(2)

1. 炮二平五　炮 8 平 5　　　**2.** 马二进三　马 8 进 7

3. 车一平二　车 9 进 1　　　**4.** 马八进七　车 9 平 4

5. 兵三进一　马 2 进 3　　　**6.** 兵七进一　炮 2 平 1

蒋凤山在上一局即第 12 轮用此阵勇胜江苏特级大师王斌，此时再次使用，可以看出蒋凤山对这种走法充满了信心。

7. 车九平八　车 4 进 5　　　**8.** 马三进四　车 4 平 3

9. 马四进六　　车3进1　　**10.** 马六进七　　炮1进4

11. 炮八进七　　炮5进4　　**12.** 仕四进五　　炮1平3

13. 相七进九　　车3平1　　**14.** 车二进七(图3-2-1)……

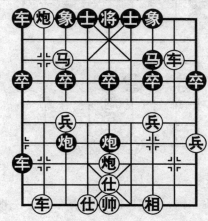

图3-2-1

如图3-2-1形势,红方进车捉马,一改上一局帅五平四的走法,更显积极有力。这是重庆特级大师洪智较为喜欢的下法。

14. ……　　　　马7退5

黑方如改走前车1平2捉车,请见下局介绍。

15. 炮八平六　　后车进2　　**16.** 炮六退一　　前车平4

17. 帅五平四　　车4退6　　**18.** 车八进三　　……

献车捉炮乃创新之着。在"五羊杯"冠军赛中出现的走法是车二平四,马5进7,车八进三(如车四平三吃马,黑则车4平6,帅四平五,车6进5,黑方主动),车1平3,车四平七,车4平6,炮五平四,马7退5,车八平七,马5进3,车七平五,双方呈均势。

18. ……　　　　车4进5

黑方当然不能炮5平2吃车,否则红车二平四,成闷将绝杀。

19. 车二平四　　马5进7(图3-2-2)

如图3-2-2形势,黑方进马败着,应改走炮5平6!以下红主要有两种攻法:①车八进五,黑则车1平3!车四平七,象7进5,车七平八,炮3进3,帅四进一,炮6退4,对攻中黑方明显占据主动;②车八进六,黑则车4平5,炮五进四,马5进3,车八平七,马3退4!车四平九,车5退3,对攻中仍为黑方主动。

20. 车八进五　　……

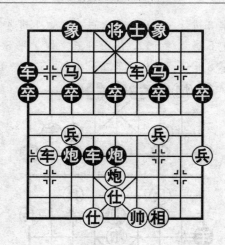

图 3 - 2 - 2

红方进车点穴,着法凶悍,好棋!以下伏有车八平三捉马叫杀的凶着,至此红方进入佳境。

20. ……	车 1 平 3	**21.** 车四平七	象 7 进 5
22. 车八平四	士 6 进 5	**23.** 车七进一	炮 5 平 6
24. 兵三进一	卒 7 进 1	**25.** 炮五平三	

红方妙手献兵,继而平炮攻马,黑方防线崩溃。至此,红方大优,结果获胜。

本局例选自"启新高尔夫杯"全国象甲联赛于开滦的第 2 循环比赛重庆洪智先胜开滦蒋凤山的实战对局。

【小结】 本局红方着法较上局虽有改进和创新,并且赢得了比赛,但黑方在第 19 回合错失机会。此布局孰优孰劣,仍需更多的实战进行验证。

第 3 局 红正马两头蛇对黑平右边炮(3)

1. 炮二平五	炮 8 平 5	**2.** 马二进三	马 8 进 7
3. 车一平二	车 9 进 1	**4.** 兵三进一	车 9 平 4
5. 马八进七	马 2 进 3	**6.** 兵七进一	炮 2 平 1
7. 车九平八	车 4 进 5	**8.** 马三进四	车 4 平 3
9. 马四进六	车 3 进 1	**10.** 马六进七	炮 1 进 4
11. 炮八进七	炮 5 进 4	**12.** 仕四进五	炮 1 平 3
13. 相七进九	车 3 平 1	**14.** 车二进七	前车平 2(图 3 - 3 - 1)

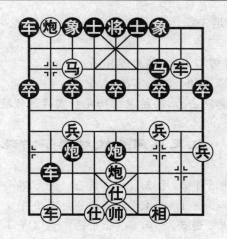

图 3-3-1

这是金波大师创用的新着。

15. 车八平七 ……

如改走车二平三弃车砍马,详见下局介绍。

15. …… 炮 3 平 9 **16.** 车二平三 炮 9 进 3

17. 相三进一 车 2 平 5 **18.** 车七进三 车 1 平 2

弃车砍炮算度深远!如改走象 7 进 5,车七平六,士 6 进 5,帅五平四,车 1 平 2,车三平四,象 3 进 1,车四进一,车 2 平 3,马七进五,红方胜势。

19. 马七进八 车 5 平 8

继弃车砍炮后摆脱牵制的必然选择!如改走象 7 进 5,帅五平四,卒 5 进 1,车三平四,士 4 进 5,车四退一,红方多子占优。

20. 帅五平四 车 8 退 1 **21.** 车三进二 士 4 进 5

22. 车三退三 ……

如改走车七退一,黑则车 8 进 3,帅四进一,车 8 退 1,帅四退一,炮 5 平 7,车七平三,炮 7 平 3,车三平七,炮 3 平 7,车七平三,双方不变判和。

22. …… 炮 5 平 7 **23.** 车七平三 ……

弃车砍炮是继红方三路车杀象杀卒后的既定战术,如改走车三平五,黑则车 8 进 3,帅四进一,炮 7 进 2,成二路夹车炮绝杀,黑胜。

23. …… 车 8 平 7 **24.** 车三平五 车 7 平 2

25. 马八退七 卒 9 进 1 **26.** 车五平七 卒 9 进 1

27. 车七平九 卒 9 进 1 **28.** 车九退四 ……

红方退车守相为机警之着!如贪攻走车九进三,黑士 5 退 4,兵七进一,卒 9

进1,黑三子归边可捷足先登。

28.…… 　　　　车2平3

黑车杀兵后,与红势均力敌,结果成和局。

本局例选自谢卓淼先和金波的实战对局。

【小结】 新着颇具反击力,尚待继续研究和实战的检验。

第4局　红正马两头蛇对黑平右边炮(4)

1.	炮二平五	炮8平5	**2.**	马二进三	马8进7
3.	车一平二	车9进1	**4.**	兵三进一	车9平4
5.	马八进七	马2进3	**6.**	兵七进一	炮2平1
7.	车九平八	车4进5	**8.**	马三进四	车4平3
9.	马四进六	车3进1	**10.**	马六进七	炮1进4
11.	炮八进七	炮5进4	**12.**	仕四进五	炮1平3
13.	相七进九	车3平1	**14.**	车二进七	前车平2

15. 车二平三(图3－4－1)　……

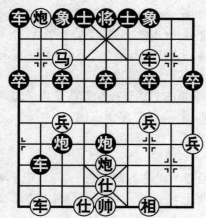

图3－4－1

弃车砍马是"惊天动地"的新招!这是郑乃东在全国象棋个人赛上的震撼之举,其大胆搏杀、敢于拼命的风格跃然枰上。

15.…… 　　　　车2进2　　**16.** 帅五平四　车2退5

黑方退车河口,顿使红方攻势锐减。

17. 兵七进一　……

弃兵引离黑车于 3 路,提防以后黑车退 2 捉马窥炮的棋,煞费苦心。如改走炮五进四,则黑车 2 平 6,仕五进四,车 6 进 3,帅四平五,车 6 进 1,以下伏炮 3 进 3 的绝杀,黑胜。

17. ……　　　车 2 平 3　　**18.** 车三平四　……

红如改走车三退一,则车 3 平 6,炮五平四,车 6 退 2,车三平五,车 6 平 5,以下必兑车,黑大优。

18. ……　　　士 6 进 5　　**19.** 车四退一　车 1 平 2

啃炮干脆,算准可获简明优势。如改走卒 5 进 1,红则炮八平六,象 3 进 5,炮六退三,下伏炮 6 平 5 的杀着,黑就要有麻烦。

20. 炮五进四　士 5 进 4　　**21.** 马七进八　车 3 平 5

黑如改走车 3 平 2 捉马,则红炮五退二,黑将要不安于位,不如实战理想。

22. 炮五平九　……

红如改走炮五退三,则车 5 进 2,黑多卒占优;又如改走炮五平三,则炮 3 进 3,帅四进一,炮 5 平 2,红方难以招架。

22. ……　　　炮 3 进 3　　**23.** 帅四进一　炮 5 平 2

黑方优势,结果获胜。

本局例选自郑乃东对孟辰的实战对局。

【小结】　本局变化中,红方过于贪攻,新招难以得逞,终遭败局,用此布局切需谨慎!

第二节　顺炮横车对直车

第 1 局　红巡河炮对黑挺 3 卒(1)

1. 炮二平五　炮 8 平 5　　**2.** 马二进三　马 8 进 7
3. 车一进一　车 9 平 8　　**4.** 车一平六　车 8 进 4

黑方高车巡河呼应右翼,攻守兼备,已成为现代顺炮战中后手方对付横车的"官着"。这是对古谱车 8 进 6 老式攻法的改进,有效限制了红方"天马行空"和"单边封锁"等攻击战术的使用。

5. 马八进七　马 2 进 3　　**6.** 炮八进二　卒 3 进 1

至此双方布成了顺炮横车对直车、红巡河炮对黑挺 3 卒的阵势。红进左炮巡河,欲对黑方屈头双马予以攻击,这是特级大师杨官璘在 20 世纪 80 年代全国象棋预赛时首创的,现在已成为热门战术。黑方挺卒活马、协调阵形,应法顺其自然,这是特级大师黑龙江王嘉良在全国象棋甲级联赛时首创,王嘉良曾以此战胜了杨官璘。黑方如改走炮 2 进 2,与红方巡河炮如影随行,亦较富对抗性,则另有攻防变化。

7. 车六进五　士 4 进 5

黑方补士固防,并为右马留退路,是改进后的稳健之着,老式应法为炮 5 平6,则红炮八平三,马 7 退 9,炮五进四,红方简明获优。在上述杨官璘对王嘉良之战中,王走的是象 3 进 1,则车九进一(以后象棋大师浙江陈孝堃把此手改进为炮八平五!称为"陈式飞刀",以下黑马 3 进 4,前炮进三,象 7 进 5,车九平八,炮 2 平 3,车八进七,车 1 平 3,兵五进一!士 6 进 5,兵五进一,马 4 进 3,车六退三,车 8 平 5,马七进五,车 5 平 8,仕六进五!红优,致使黑方象 3 进 1 的应法从此销声匿迹),车 8 平 4,车九平六,车 4 进 4,车六退五,卒 7 进 1,车六进三,马 7进 6,车六平四,炮 2 进 2,双方经过兑车转换,红方失先,黑方取得了理想阵势。结果王胜。

8. 炮八平三(图 3-5-1) ⋯⋯⋯

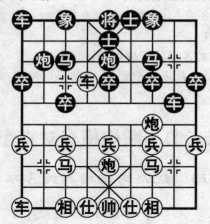

图 3-5-1

红平炮打马争先,好棋,欲开出左车助战。如改走车六平七压马,详见下局介绍。

8. ⋯⋯⋯　　　**马 3 进 4**　　**9. 车九平八　炮 2 平 3**

10. 车六平五! ⋯⋯⋯

红方平车杀中卒,这是河北阎文清大师创用的新招!以往走车八进四,则象3 进 1,车八平六,车 1 平 4,前车平五,卒 7 进 1,炮三进三,炮 3 平 7,车五平三,炮 7 平 6,黑势不错。

10.…… 卒 7 进 1

如改走马 4 进 6,则车五平四,马 6 进 5,相七进五,卒 7 进 1,炮三平九,象 3 进 1,车四平九,红方净多两兵,且伏闪击黑 1 路车的手段,红明显占优。

11. 炮三平九　象 3 进 1　12. 车五平九　炮 3 进 4

挥炮击兵急躁,似应改走车 1 平 4,车离险地,虽居落后,尚可一战。

13. 兵三进一!……

送兵,及时的佳着,既防黑马 4 进 6 踩马争先,又防黑炮 3 平 7 打兵窥相,针锋相对,一石二鸟。

13.…… 马 7 进 6

如改走卒 7 进 1,则红车九平三占优。

14. 车九平三　车 1 平 4　15. 兵三进一　马 6 进 4

黑弃车跃马,被迫对攻,孤注一掷。

16. 兵三平二　前马进 3　17. 炮九平三　……

红平炮打象叫杀,漂亮的“顿挫”战术。如随手走车八进二,则马 4 进 5,仕六进五,炮 3 进 3 要杀,红方难走,功亏一篑。

17.…… 象 7 进 9　**18. 炮三平六　……**

红方巡河炮左右开弓,堪称棋谚所云“沿河十八打”,妙手化解了黑方的反扑。

18.…… 炮 5 平 4

黑方如改走马 4 进 6,则炮五进五,士 5 进 6,炮六平五,马 6 退 5,仕六进五,马 3 进 2,车三平五,红方必胜。

19. 炮六进三　马 3 进 2　20. 炮六平二(红胜)

至此,黑方见败势难挽,认负。

本局例选自阎文清先胜朱琮思的实战对局。

【小结】 此布局中,红杀中卒的“飞刀”及巡河炮“沿河十八打”给人们留下了深刻印象,红方优势明显,令黑方难以抗衡。这就给黑方卒 3 进 1 顺其自然的应着提出了新的研究课题。黑若避开此阵,第 6 回合改卒 3 进 1 为炮 2 进 2,方可免遭“飞刀”。

第 2 局　红巡河炮对黑挺 3 卒(2)

1. 炮二平五　炮 8 平 5　2. 马二进三　马 8 进 7

3. 车一进一　车 9 平 8　4. 车一平六　车 8 进 4

5. 马八进七　马2进3　　**6.** 炮八进二　卒3进1

7. 车六进五　士4进5　　**8.** 车六平七（图3-6-1）……

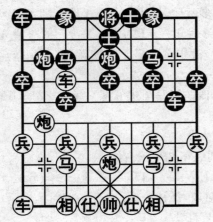

图3-6-1

平车捉马较上局炮八平三攻马,属于常规的稳健着法。

8. ……　　　马3退4　　**9.** 兵三进一　象3进1

10. 相七进九　……

似改走炮八进二较有针对性,黑如走车1平3,则红方兑车后伏炮八平三打卒的先手,占优。

10. ……　　　车1平3　　**11.** 车七进三　……

兑车是改进后的新招！以下红仕六进五后有车九平六出贴身车的着法。如改走车七平六,则马4进3,仕六进五,卒7进1,车六平八,炮2进3,车八退二,车8进2,马三进四,卒7进1,马四进三,车8平7,马三进五,象7进5,相三进一,车7进1,相一进三,马7进8,黑方较易走。这是哈尔滨第2届"象棋王赛"吴贵临对李来群的实战着法。

11. ……　　　象1退3　　**12.** 仕六进五　马4进3

13. 车九平六　炮5平6

如改走车8平4兑车,则车六进五,马3进4,炮八进二,红方占先。

14. 兵五进一　象3进5　　**15.** 马三进五　卒7进1

16. 兵五进一　卒5进1　　**17.** 车六进六　卒7进1

18. 马五进三　车8平7　　**19.** 马七进五　马7进6

20. 炮五平三　卒5进1　　**21.** 车六平八　车7平8

22. 炮八进三　马6进5　　**23.** 马三进四　车8平6

24. 炮三平八　马5退7　　**25.** 马四进二　马7进8

26. 前炮平九

双方对攻,相比之下红方占优。

本局例选自火车头于幼华先胜河北阎文清的实战对局。

【小结】　本布局红方兑车新招,是飞边相后的既定着法,显然优于车七平六的避兑,维持了先行效果,黑方欲与红方对抗,须另辟蹊径。

第三节　顺炮直车对缓开车(黑先进右正马式)

第1局　红进三兵对黑右炮平边

1. 炮二平五　炮8平5　　**2.** 马二进三　马8进7

3. 车一平二　马2进3

黑进右正马或卒7进1,皆称"缓开车"。先进右正马的缓开车意在尽快活动右翼大子,这尤为陶汉明特级大师所喜爱。他在多次大赛上,后手"清一色"地走此布局,可见陶汉明对此阵有过专门的研究。

4. 兵三进一　……

这是广东庄玉庭对阵吉林陶汉明使用的着法。如改走兵七进一,则黑炮2平1,马八进九,车1平2,车九平八,卒7进1,炮八平七,车9进1,兵七进一!红冲七兵渡河不兑车,是队友许银川创造的"飞刀"!接下来车2进9,马九退八,车9平2,兵七进一,马3退1,马八进九,炮1进4,车二进四,炮1平7,相三进一,士4进5,车二平七,红方优势明显。此时庄玉庭不亮队友飞刀,而选择兵三进一,也许是破解对手有备而来的灵活下法。

4. ……　　　　炮2平1　　**5.** 马八进九　车1平2

6. 车九平八　车2进5　　**7.** 炮八平七　车2平7

8. 车八进六　车9进1　　**9.** 仕四进五　车9平4

10. 炮五平六(图3-7-1)　……

如图3-7-1形势,红方这手卸炮整形,可先走车八平七,则马3退1,再炮五平六,炮1进4,相三进五,炮1平5,车二进三,改变卸炮次序,红方先手。

10. ……　　　　车7进1　　**11.** 相三进五　卒7进1

12. 兵七进一　车4进5　　**13.** 炮七进一　……

不如改走兵七进一,对黑右马施加压力。

13. ……　　　　卒1进1　　**14.** 车八平七　马3退5

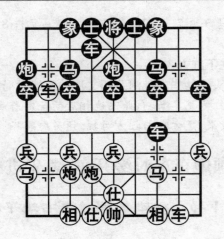

图 3-7-1

15. 车七进二　炮1进4！

进炮打兵使车生根,胸有成竹,好棋!

16. 车七平六　炮5平3！

黑方平炮化解红方闷宫杀势,巧妙至极!

17. 车六退五	炮1平4	**18. 兵七进一　炮3进4**
19. 马九进七	马7进6	**20. 马七进六　卒7进1**
21. 车二进八	马5进7	**22. 马六进四　士6进5**
23. 车二平三	卒7平6	**24. 车三进一　士5退6**
25. 马四进三	将5进1	
26. 车三平四	炮4退5	

(图3-7-2)

至此,黑方以攻为守,退炮打马消除红车马攻势,虽丢士象,但双马连环,车占要津,局势有恃无恐,如图3-7-2。最后红方超时作负。

本局例选自庄玉庭先负陶汉明的实战对局。

【小结】 此布局红在战略上针锋相对,对攻的火药味甚浓,作为后手方喜爱攻杀型的棋手来说,此战例应视为布局满意,如果红不超时,枰面局势尚可一战,对攻激烈、情

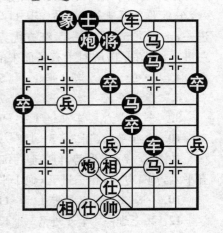

图 3-7-2

况复杂,难下定论。

第2局　红进七兵对黑右炮过河

1. 炮二平五　炮8平5　　　**2.** 马二进三　马8进7

3. 车一平二　马2进3　　　**4.** 马八进七　卒7进1

如改走卒3进1,则车二进五,象3进1,炮八进四,车9平8,车二平七,车1平3,兵七进一,车8进6,马七进六,车8平7,马三退五,卒7进1,马五进七,红方主动。

5. 兵七进一　炮2进4　　　**6.** 马七进八　车9进1

7. 车九进一　车9平4　　　**8.** 仕四进五　……

补仕稳健,避免黑车4进6捉炮侵扰。也可改走车九平七,则黑车4进6,炮八退一,象3进1,仕四进五,车4退4,车七进二,炮2进1,车七退一,炮2平5,相七进五,红稍优。

8. ……　　　炮2平7　　　**9.** 车九平七　炮5退1(图3-8-1)

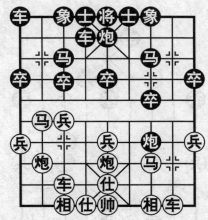

图3-8-1

如图3-8-1形势,双方弈成了常见的红外肋马封车式布局,黑方除炮5退1外,另有象3进1、车4进5、卒7进1、卒1进1等多种应法,各具攻守变化。

退窝心炮,旨在暗防红兵七进一,以下卒3进1,车七进四,车4进1,伏炮5平3打卒的手段,红失先。

10. 车二进八　车1进1　　　**11.** 相三进一　卒7进1

12. 兵五进一　……

如改走相一进三去卒,则黑车4进4,红无益。

12.……　　　　炮5进4　　**13. 车二平六**　车1平4

14. 车七进二!……

兵林要道,双方必争之地,如相一进三,则象7进5,马八进七,车4进5,黑棋满意。

14.……　　　　象7进5　　**15. 马八进七**　马7进8

16. 相一进三　车4平7

平车吃相有帮红走棋之嫌,宜走车4进3巡河,攻守两利。

17. 车七平五　炮5平6

黑若炮5进2,红顺势落相,黑方上一步捉相落空,尽管如此也应兑炮,尚可一战。此手平炮,可谓败着,造成中路空虚被红所乘。

18. 兵七进一!　车7进4　　**19. 马七进五!……**

红弃马搏象强攻破门,黑势已危!

19.……　　　　象3进5　　**20. 兵七进一**　炮6退3

黑退炮无奈,如改走马3退2,车五进三,红方攻势强大。

21. 兵七进一(图3－8－2)

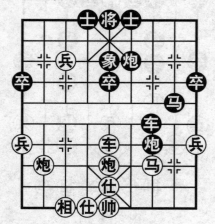

图3－8－2

如图3－8－2形势,红方吃回弃子,中路攻势强大占优,最后获胜。本局例选自北京蒋川先胜吉林陶汉明的实战。

【小结】 此布局双方围绕黑方3路线展开激烈争夺,攻守俱紧,然是好看。黑方第16回合若改走车4进3巡河,则战线漫长,双方机会相当。

第四章　中炮对左炮封车转半途列炮

第1局　红五六炮边马对黑进3卒右马盘河

1. 炮二平五	马8进7	2. 马二进三	车9平8
3. 车一平二	炮8进4	3. 兵三进一	炮2平5
5. 马八进九	卒3进1!	6. 炮八平六	马2进3
7. 车九平八	马3进4	8. 炮六进二	车1进1
9. 车八进九(图4-1-1) ……			

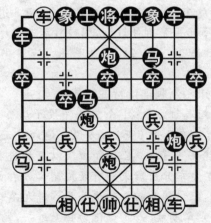

图4-1-1

9. ……　　　　　车1平6

黑方弃象,车抢肋道,入局好手!如改走车1平3保象,则红炮五平六,马4退6,相三进五,黑棋无趣。

10. 车八平七　……

如改走炮六进五,则马4退3,炮六平四,车6退1,车八平七,马3退4,车二进一,下伏车二平六的恶着,双方形成黑得子红得势的局面,将有一场火拼。

10. ……　　　　马4进6!　　11. 马三进四　炮5进4!

12. 仕六进五　车6进4!

黑方先炮轰中兵,再进车吃马,次序井然!

13. 炮六退二　车6平4　　14. 炮六平八　……

平炮求战,不愿出帅防御,符合少年棋手的特点,其实红如改走帅五平六,则炮5退2,马九退七,象7进5,车七退二,士6进5,亦为黑优局面。(**注:执红者江文琪为广州少年棋手。**)

14. ……　　象7进5　　15. 车七退三　士4进5

16. 车七平九　将5平4!　　17. 车九进三　将4进1

18. 炮八退二　卒3进1

细腻之着,防红车九退五兑车,松缓局势。

19. 车二进二　炮8平3

红方升车苦心解围,诱黑走车8进4,则兵三进一,卒7进1,车二平四,卒7进1,车四进一,削弱黑方攻势;黑方识破红方意图,毅然轰兵兑车。

20. 车二平四　……

红如改走车二进七兑车,则马7退8,马九进七,卒3进1,车九退五,车4平1,兵九进一,卒3进1,下步平卒捉死红炮,黑方胜定。

20. ……　　车8进4　　21. 马九进七　车8平2

至此,黑胜。

本局选自广州江文琪与新疆连诗特的实战对局。

【小结】　这盘实战短局红方仅21个回合即投子认负。进入本谱第9回合如图4-1-1形势时,黑方车1平6后,红方仅有炮六进五轰士的一丝与之对抗机会,但红方开局之初就丢一子,心里有负担。以下的进程红方可谓处完败之势。究其原因,红方输在左车开出后未能有效扼制黑方右翼快马的助攻上,毛病出在开局,如图4-1-2:红方第5回合的这手马八进九是新招,旨在活动左翼子力,协调阵形,尽快开出左车助攻[老式变化为兵七进一,马2进3,马八进九(如马八进七,则成另路变化),车1平2,车九平八,车2进4,炮八平七,车2平8,车八进六,炮8平7,车二平一,马3退5,车八平七,卒7进1,形成各攻一翼的复杂变化],这步打破常规的新颖布局战术,体现了小棋手敢想敢为的精神风貌。但红方第8回合炮六进二顶马值得推敲,笔者认为这是一步不明显的软招,应改走车八进四,以下马4进5(如车8进4,则兵三进一,卒7进1,车八平六,马4退3,车六平二,强迫兑车,解除黑方8路线车前炮的封锁,黑方车晚出,红方先手占优),马三进五,炮5进4,仕四进五,下伏车八平五捉炮的先手,红方占先。

综上所述,红方第5回合马八进九的变着,是一种大胆的革新,是稳打稳扎

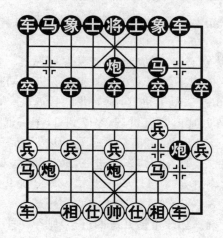

图 4-1-2

避开黑方欲施激烈反击战术的稳妥策略。若应对无误,将可取得满意的布局。

第 2 局　红两头蛇正马对黑进炮打马

1. 炮二平五	马8进7	**2.** 马二进三	车9平8
3. 车一平二	炮8进4	**4.** 兵三进一	炮2平5
5. 兵七进一	马2进3	**6.** 马八进七	车1平2
7. 车九平八	车2进4		

至此,形成红两头蛇正马对黑车巡河这一近年流行的布局,这也是 21 世纪以来此类布局的主要战法。黑方此手高车巡河,准备抢兑 3、7 卒活通双马。另有车 2 进 6 过河车的选择,以下红方马七进六(如炮八平九,车 2 平 3,车八进二,车 3 退 1,炮五平六,车 3 平 7,相三进五,车 7 进 1,仕四进五,炮 8 平 5,黑方打通兵林线,呈反先之势),马 3 退 5,车二进一,炮 5 平 2,兵七进一,车 2 退 1,马六进七,炮 2 进 5,车二平八,马 5 进 4,前车进一,车 2 平 7,马七进六,红方攻势凶猛,黑方不利。

8. 炮八平九　车 2 平 8　　**9.** 车八进六　炮 8 平 7

黑平炮兑车是一种激烈对抗的选择。常见的变化是炮 5 平 6 先防一手,保留兑车的先手。以下红方车八平七,象 7 进 5,炮五进四,马 3 进 5,车七平五,炮6 进 5,车五平四,炮 6 平 1,相七进九,卒 7 进 1(此时不可炮 8 平 7 兑车,因红可车四退三捉炮,交换之后,黑方少卒,于残局不利),兵三进一,前车平 7,马三进四,炮 8 平 6,车二进九,炮 6 退 3,车二退三,车 7 平 6,马四退六,马 7 进 8,仕六进五,马8进9,形成黑方兵种齐全,红方多兵略优的局面。

10. 车八平七 ……

红平车杀卒捉马势在必行,形成对杀,形势紧张激烈。红如稍稍示弱改走车二平一躲车,则炮5平6,以下红有车八平七或兵五进一两种走法,局势缓和,试举一例:兵五进一,士6进5,马七进五,象7进5,兵五进一,卒5进1,车八平七,卒7进1,车七平三,马7退9,炮五进三,卒7进1,车三退二,后车平7,炮九平五,车7进5,马五进三,车8平7,相三进一,马9进8,马三进五,马8进7,马五进三,炮7平8,车一平二,车7进1,车二进三,局势简化,双方大体呈均势。

10. …… 前车进5 **11. 马三退二** 车8进9

12. 车七进一 车8平7 **13. 车七进二** ……

先斩底象,次序正确。如改走炮九进四打卒,则车7平8,炮五平三,车8退2捉炮,红因没有担子炮拦炮的手段,黑方反夺先手,将抢攻在先。

13. …… 炮7进1(图4-2-1)

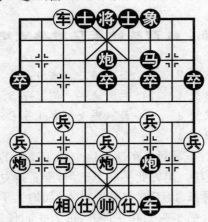

图4-2-1

如图4-2-1形势,红有(1)马七进六、(2)兵七进一两种变化,分述如下:

(1)**马七进六**——"启新高尔夫杯"象甲联赛河北张江先胜湖北柳大华局例(接图4-2-1):

14. 马七进六 ……

这是近年来红方新兴的下法,旨在兑去黑炮后,解除右翼的后顾之忧,而盘河马雄踞河口虎虎生威,并伏中炮平八路的进攻手段,是一种较为稳健的选择。此时红方较多争取兵七进一弃马的变化,详见以下变例。

14. …… 炮7平1

兑炮,老式应法,黑容易吃亏。改进着法黑方应为卒 7 进 1 兑卒,则红兵三进一,炮 7 平 1,相七进九,车 7 退 5,车七退四,车 7 进 1,马六进五,马 7 进 5,炮五进四,炮 5 进 4,大体呈均势,易成和局。

15. 相七进九　车 7 退 2

退车跟炮无奈,防红炮五平八沉底联合车马进攻,黑方难以抵挡。

16. 车七退四　炮 5 进 4　　**17.** 仕六进五　象 7 进 5

18. 车七平六　士 6 进 5　　**19.** 帅五平六　卒 7 进 1

20. 兵三进一　象 5 进 7　　**21.** 车六进一　象 7 退 5

如改走炮 5 平 4,则红马六进五,车 7 平 5,马五进三,炮 4 平 7,马三退一,车 5 平 1,马一退三,红多兵占优。

22. 相九退七　车 7 退 2　　**23.** 兵七进一　炮 5 退 1

24. 马六进五　马 7 进 6　　**25.** 车六退三

红方优势,结果获胜。

(2)**兵七进一**——全国象棋团体赛乙组第 3 轮湖南朱剑武对杭州唐建华的实战对局(接图 4－2－1):

14. 兵七进一　……

冲兵弃马,实施弃子抢先,着法积极。

14. ……　　　　炮 7 平 3　　**15.** 兵七平六　炮 5 进 4

炮击中兵是对炮 3 平 2 的改进着法。如仍走炮 3 平 2,则红车七平八,车 7 退 4,车八退七,炮 5 进 4,炮五平七,车 7 进 3,炮七平三,马 7 退 5,车八进一,炮 5 退 1,炮九进四,象 7 进 5,炮三平二,卒 7 进 1,炮九进三,车 3 退 5,炮二平九,马 5 进 3,车八进一,炮 5 进 1,车六进一,红方占优,结果获胜(该局选自宜春全国个人赛黑龙江聂铁文对大连苗永鹏之战)。

16. 仕六进五　炮 3 平 2　　**17.** 车七平八　车 7 退 4

退车弃炮正着。如炮 2 平 3 逃炮,则红炮九进四,红有攻势。

18. 车八退六　……

如改走车八退七吃炮,则车 7 平 3(也可车 7 平 4,车八进一,炮 5 退 1,炮九进四,车 4 退 1,炮九进三,将 5 进 1,黑有将 5 平 4 的杀招而易走),帅五平六,车 3 进 4,帅六进一,车 3 退 3,炮九进四,车 3 平 4,仕五进六,车 4 退 2,炮九进三,将 5 进 1,车八进六,将 5 进 1,车八退一,将 5 退 1,车八平三,将 5 平 4,炮五进四,炮 5 平 4,帅六平五,车 4 平 5,帅五平四,车 5 退 1,黑方占优。

18. ……　　　　车 7 平 5　　**19.** 炮九进四　卒 7 进 1

20. 车八退一　车 5 平 4　　**21.** 炮九进三　将 5 进 1

22. 车八进六　将5进1　　　**23.** 车八退五　炮5退1

如改走马7进6保炮,则炮九退四打马,黑失子。

24. 车八平五　炮5进2　　　**25.** 相七进五　车4退1

26. 兵九进一　卒5进1

双方呈均势。

【小结】　本局黑进炮打马,如图4-2-1形势,红采用(1)变马七进六是一种稳健的选择,可形成刚柔并济的弹性局面,使黑方的反击无从着手,稳持先行之利,较易走;黑方若应对无误,亦不乏和棋机会,例如第20回合,改象5进7为车7退3兑车,则和势甚浓。总的感觉红方好下。(2)变兵七进一,红冲兵弃马抢先,黑方第15回采用炮击中兵,有望与红方抗衡。

这种现代列炮各攻一面的激烈布局,眼下甚为流行,在今后的实战中还会继续下去,也必将会出现更新的变化。

第3局　红进左炮打马兑炮对黑飞左象
——钟式"飞刀"

1. 炮二平五　马8进7　　　**2.** 马二进三　车9平8

3. 车一平二　炮8进4　　　**4.** 兵三进一　炮2平5

5. 炮八进五　马2进3　　　**6.** 炮八平五　象7进5

如改走象3进5,另具变化,详见下局。

7. 马三进四　……

这是越南第14届亚洲象棋锦标赛中国少年棋手钟少鸿老谱新用、"偏不信邪"的着法。众多棋谱评论:红马三进四,则车1平2,兵三进一,炮8平3,车二进九,马7退8,马八进九,炮3退1,黑方满意,黑可抗衡等。小将们明知山有虎,偏向虎山行,体现了小将们敢想敢干、大胆尝试、锐意进取的精神风貌。当然这步棋若改走广东特级大师许银川首创的兵七进一,也无可厚非。

7. ……　　　　车1平2　　　**8.** 兵三进一　炮8平3

9. 兵三平二!（图4-3-1）……

平兵封车,一改以往车二进九兑车的老式着法,是继马三进四后的连续动作,是步"飞刀"!通观图4-3-1形势,红马雄踞河头,过河兵犹如一颗定时炸弹,其后得子得势,攻城拔寨竟是此兵!左翼车马虽原地未动,但马时时都有屯边踩炮的先手,对于黑车2进8的压马车,红有炮五平三打马,则马7退5,仕四进五,下伏炮三退一驱车的对策,毫无后顾之忧;反观黑方双马呆滞,孤炮难鸣,不容乐观。

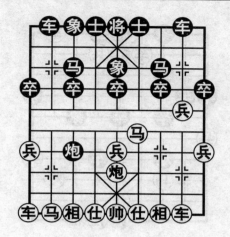

图 4 - 3 - 1

9. ……　　　　士 6 进 5　　10. 马八进九　炮 3 退 1

11. 炮五平三！　……

平炮攻马灵活至极！既调整阵形，又伏相七进五驱赶黑炮的先手，可谓一石三鸟。

11. ……　　　　车 8 平 6　　12. 马四进三　马 7 退 8

13. 相七进五　炮 3 平 2　　14. 车九平八　卒 3 进 1

15. 车二进四　炮 2 进 1

红方一连串的先手占尽便宜。

16. 仕六进五　车 6 进 6　　17. 兵二进一　象 5 进 7

飞象自乱阵脚，毫无目的。不如改走马 8 进 6 兑马。

18. 兵九进一　马 8 进 6　　19. 马九进八　炮 2 平 1

20. 车八平六　马 6 进 7　　21. 兵二平三　车 6 平 5

22. 马八退七　车 5 平 7　　23. 炮三平四　炮 1 平 3

24. 车六进八！车 7 平 6

红方车点黑方下二路，下伏车二进五再平车四路双车炮夺士的杀机，着法凶悍。黑方平车 6 路防御无奈。

25. 车二进五　士 5 退 6　　26. 兵三进一　士 4 进 5

27. 兵三进一　车 2 进 3　　28. 炮四平二！……

红方平炮暗伏兵三平四逼宫的恶着，看来黑方很难防范，形势岌岌可危。

28. ……　　　　卒 5 进 1　　29. 兵三平四（图 4 - 3 - 2）……

如图 4 - 3 - 2 形势，黑若退车吃兵，则红有车二退六捉死炮的凶着；黑若不

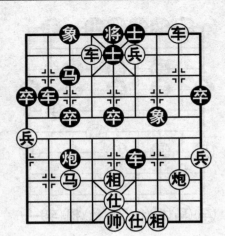

图 4-3-2

退车吃兵,则红可形成三车闹士的局面,蕴藏多种进攻的战术手段。黑方如鲠在喉,进退两难。最终红方获胜。

本局例选自中国钟少鸿先胜马来西亚杨添任的实战对局。

【小结】 此布局红左炮过河打马兑炮,可以避免布局伊始双方即形成激烈对攻的局面,是先行方稳中有先的走法。现平兵封车,攻法新颖、独特,获得布局成功。黑方在对弈中虽有软手,但渡河红兵对黑构成较大威胁。笔者认为此布局可在实战中运用。

注:为了便于阅读,改变了原实战谱的行棋方向。

第4局 红进左炮打马兑炮对黑飞右象

1. 炮二平五	马8进7	**2.** 马二进三	车9平8
3. 车一平二	炮8进4	**4.** 兵三进一	炮2平5
5. 炮八进五	马2进3	**6.** 炮八平五	象3进5(图4-4-1)

黑飞右象是"柳林杯"第4届全国象棋大师冠军赛火车头陈启明使用的着法。

7. 兵七进一 ······

这步进七兵是当黑飞左象时,许银川曾创的一把"飞刀"。现针对黑飞右象,红亦进七兵,可看成借用"飞刀"战法。如果红方改走马三进四(同上局战法),则不论黑飞左象还是右象,对红方都无大碍;但对黑方来说,飞右象则第11回合的

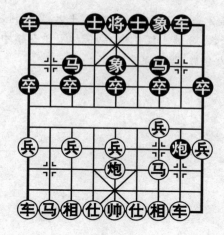

图 4 - 4 - 1

车 8 平 6 捉马已不存在。如此看来,若以上局实战为例,则黑飞左象较飞右象要好一些。

7. ……　　　　炮 8 平 7　　8. 马八进七　　车 1 平 2

9. 兵九进一!　车 2 进 6

红方挺边兵是细腻之着!限制黑 7 路炮伺机右移轰边兵的着法。黑方如改走车 2 进 4,则车九平八:黑若接受兑车,则红九路兵安然无恙;若不兑车,则失先。以上皆为红方好下的局面。

10. 马七进六　车 2 退 2　　11. 兵五进一　车 2 平 4

12. 马六退七　卒 7 进 1　　13. 兵三进一　车 4 平 7

14. 车九进三　士 4 进 5　　15. 马七进六　卒 3 进 1

红方进边车牵制黑方车炮,现又乘机跃马,连连好手;黑方如改走车 7 平 4,则红车九平三,马 7 进 6,兵五进一!红方得子大优。

16. 兵七进一　象 5 进 3　　17. 炮五平七　象 3 退 5

18. 相七进五　车 8 进 9　　19. 马三退二　马 3 进 4

20. 车九平四　马 7 进 8　　21. 马二进一　炮 7 进 1

22. 炮七退一

红方主动。结果获胜。

本局例选自火车头宋国强对火车头陈启明实战对局。

【小结】 此布局红方进七兵借用"飞刀"战法制黑双马出路,布局成功。但感觉黑方第 9 回合车 2 进 6 过河,似可走卒 3 进 1 活通马路为好。试演如下:卒 3 进 1,兵七进一,象 5 进 3,马七进六,车 8 进 9,马三退二,卒 7 进 1,兵三进一,车2进5,兵三进一,车2平4,兵三进一,车4平8,马二进一,炮7退2,炮五平七,车8平3,炮七平六,车3进1捉死中兵,伏炮7平5镇中的好手,红虽有一兵渡河,但左车晚出,子力分散,黑方足可抗衡。

第五章　仙人指路

第一节　仙人指路对卒底炮

第 1 局　黑起左横车对红炮击中卒

1. 兵七进一　炮 2 平 3　　2. 炮二平五　象 3 进 5

黑方走卒底炮后，已不可能用屏风马进行防御，红方采用中炮进攻构思正确，节奏鲜明，在各类大赛中广为流行；黑方飞象应付中炮，旨在不惧中卒失守换来阵形稳固，含有诱使红炮轻发的意味，枰面上卒底炮之威力依然，是一步含蓄多变的应着。

3. 马二进三　车 9 进 1

红右马正起准备抢亮右车，力争主动；黑起左横车，快速出动主力，欲穿宫强化右翼，如改走卒 3 进 1，详见下局。

4. 炮五进四　……

炮出中卒阻止黑车过宫，是红方一种带有破坏性、针锋相对的战术选择，曾甚为流行，近来又悄然兴起。这是胡荣华首创的着法。

4. ……　士 4 进 5　　5. 相七进五　马 2 进 4

如改走车 9 平 6，则马八进六，马 8 进 7，炮五退一，马 2 进 4，车九平八，车 6 进 3，兵五进一，车 6 进 1，炮八进二，炮 3 平 2，车八平七，红方先手。这是全国象甲联赛第 16 轮上海谢靖对开滦蒋凤山的实战。

6. 炮五退一　车 1 平 2　　7. 马八进六　车 9 平 6

8. 车九平八（图 5-1-1）……

出车护炮，乃改进后的着法，通常多走兵三进一，则黑车 2 进 4，兵五进一，车 6 进 5，车九平八，马 8 进 7，车一平二，炮 8 进 4，兵九进一，炮 3 平 1，炮八进二，车 2 平 4，马六进五，炮 1 平 2，车八平七，马 7 进 5，仕六进五，车 4 平 2，炮八进三，马 4 进 2，兵七进一，车 2 平 3，车七平八，马 2 退 3，车八进九，将 5 平 4，马五进七，红方略优，结果黑方下风顶和。此为黑龙江赵国荣对湖北李雪松的实战

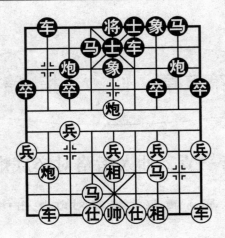

图 5-1-1

对局。

　　8. ……　　　　　　车 2 进 4　　**9.** 兵五进一　车 6 进 5

　　应先走车 6 进 4，诱红炮八进二后，再车 6 进 1，打个"过门"，要好于实战。

　　10. 车一进一　车 6 平 1

　　如改走车 6 平 4，则兵三进一，马 8 进 9，炮八平九，车 2 平 4，马六进五，前车退 1，炮九进四，后车平 1（如前车平 5，则炮九退二打车，逼黑车换双，红优），车八进六，炮 8 平 6，兵七进一，车 1 平 3，炮九进三，炮 3 平 2，车一平四，红方较优。此为上海胡荣华对广东黄海林的实战对局。

　　11. 马六进五　车 1 平 4　　**12.** 车一平八　马 8 进 7
　　13. 炮八平七　车 2 进 4　　**14.** 车八进一　车 4 退 1
　　15. 炮五平八　车 4 平 5　　**16.** 炮八退一　车 5 退 1
　　17. 炮八进四　马 7 进 5　　**18.** 炮八平九　炮 3 平 2
　　19. 车八平六　车 5 进 1

　　进车顶马欲施先弃后取术，造成以下少卒失势的不利局面，应以改走炮 8 退 1 保马坚守为宜。

　　20. 车六进七　炮 8 退 1　　**21.** 车六退二　炮 8 平 1
　　22. 炮七进四　马 5 进 6　　**23.** 兵三进一　马 6 进 7
　　24. 马五退三　卒 7 进 1　　**25.** 兵三进一　象 5 进 7

　　26. 炮七平一（图 5-1-2）

　　经过子力交换，红方取得兵种和多兵优势，如图 5-1-2，胜利在望。本局例选自"启新高尔夫杯"全国象棋甲级联赛第 13 轮上海胡荣华先胜河北申鹏的

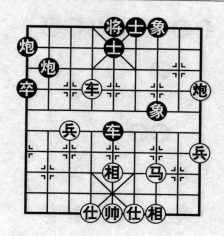

图 5-1-2

实战。

【小结】　此布局红炮击中卒破坏了黑横车右移的战略意图,战法可取。值得注意的动向是红第 8 回合出车护炮和第 12 回合车一平八右车左移。此局构思颇佳,实战效果不错。

第 2 局　红进右正马对黑冲 3 卒

1. 兵七进一　炮 2 平 3　　**2.** 炮二平五　象 3 进 5

3. 马二进三　卒 3 进 1

冲卒对攻意在反击,也是一种流行着法。

4. 马八进九　卒 3 进 1　　**5.** 车一平二　车 9 进 1

黑起横车着法积极,早期的马 2 进 4 遭弃用。

6. 车九平八　车 9 平 4　　**7.** 仕六进五　车 4 进 4

骑河车护卒而放弃中卒,战斗激烈。另有车 4 进 2 守中卒,则变化较为平稳。

8. 炮五进四　士 4 进 5(图 5-2-1)

9. 炮八平六　……

平炮仕角乃创新着法。通常多走炮五平一,则马 8 进 9,炮八平四,马 2 进 4,相七进五,炮 8 平 7,双方对峙。此为全国象棋个人赛中北京龚晓明对通信李家华的实战。

9. ……　　　　　马 8 进 7

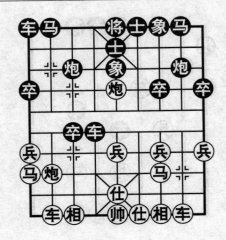

图 5-2-1

左马跃起捉炮,是柳大华特级大师在全国赛上亮出的新招。以往多走:①马2进4,则炮五退二,马4进5,车八进五,马5进6,马三退一,车4进1,车二进四,卒3平4,炮五进四,士6进5,车二平四,马8进7,马一进三,马7进5,车四进二,马5进3,车八进三,车1平3,黑可抗衡;②马8进9,炮五平一,马2进4,相三进五,卒3平2,兵九进一,卒2平1,马九进七,车4进1,马七进九,卒1进1,马九进七,车4退2,炮六进六,车4平3,双方呈均势。此为沈阳金波对广东黄海林之战。

10. 炮五平一　炮8平9　　**11.** 炮一退二　马7进5

12. 车二进六　马2进4

黑跳拐脚马轻易让红方打通卒林线太过委屈。感觉可改走炮3进1硬守卒林。

13. 车二平三　马5进6　　**14.** 炮一平六　马6退7

15. 前炮进二　马4进3　　**16.** 相七进五　卒3平2

17. 兵三进一　卒1进1　　**18.** 兵三进一! 马7退6

红方弃三兵乃争先好棋;黑如象5进7吃兵,则红马三进四先手捉马,黑马无好出路,红并伏前炮平五的攻势,占优。

19. 马九退七(图5-2-2)

马入炮口伏车八平七先弃后取,运子扩先颇见功力,如图5-2-2,红方子力活跃且多两兵,最后红方获胜。

本局例选自太原全国象棋个人赛广东许银川先胜湖北柳大华的实战。

【小结】 此布局中黑第9回合马8进7是眼见的先手,较跳边马有力。若

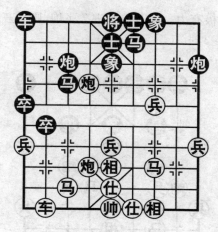

图 5-2-2

黑第12回合改炮3进1坚守卒林,笔者认为足可与红抗衡,此乃一家之见,有待实战检验。

第二节　对　兵　局

第1局　红兵底炮对黑左中炮

1. 兵七进一　卒7进1　**2.** 炮二平三　炮8平5

也有走炮2平5的,双方另有攻守变化。

3. 马八进七　……

不论黑方走左中炮还是右中炮,红均进左马,这是近期较为流行的走法。

3. ……　　　马8进7　**4.** 相七进五　马7进6

5. 仕六进五　马2进3　**6.** 炮三进三　炮2进4

红挥炮击卒是灵活的一手,既得实惠,又为右马正起腾位,加强中防,佳着;黑右炮过河乃新招尝试,以往多走炮2平1,准备抢亮右车。

7. 马二进三　炮2平3　**8.** 炮八进二　车1平2

9. 车九平八　炮5平7

平炮整形,伏飞象逐炮抢先。这是"三环杯"象棋公开赛中浙江陈寒峰大师弈出的着法,从赛后复盘看,此着似应改走炮3平7,红如车一平二,则炮5平7,要比实战走法为好。

10. 兵三进一　象7进5　**11.** 马三进四　……

跃马河口,着法积极有力。黑若象 5 进 7 飞炮,则兵三进一弃子抢先。

11. ……   卒 3 进 1(图 5 - 3 - 1)

12. 炮三平七   ……

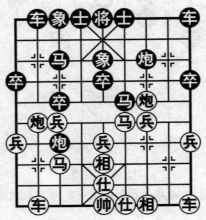

图 5 - 3 - 1

如图 5 - 3 - 1 形势,红方弃炮打卒,酝酿弃子抢先的进攻战术,有胆有识,煞是精彩。

12. ……	象 5 进 3	**13.** 兵三进一	马 6 退 5
14. 兵七进一	车 9 进 1	**15.** 车一平二	车 9 平 6
16. 车二进四	炮 7 退 1	**17.** 炮八进二	卒 5 进 1
18. 炮八平五!	士 4 进 5		
19. 车八进九	马 3 退 2		
20. 兵七进一	将 5 平 4		
21. 马四进三(图 5 - 3 - 2)			

催马邀兑,既可避免红过河七兵被捉,又可使车通头,攻击黑方薄弱右翼,优势迅速扩大。如图 5 - 3 - 2,最后红方获胜。

本局例选自"三环杯"象棋公开赛第 4 轮北京蒋川先胜浙江陈寒峰的实战。

【小结】 此布局中黑右炮过河的新招尝试若在第 9 回合改走炮 3 平 7 打兵,应当形成双方可战的两分棋,黑能满意。值得一

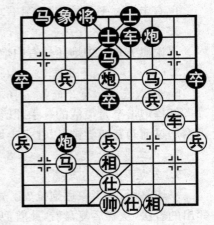

图 5 - 3 - 2

提的是,第 12 回合红方弃炮打兵,战术高明,战法实用、可取。

第 2 局 红五七炮对黑反宫马左象

1. 兵三进一   卒 3 进 1   **2.** 炮二平五   马 2 进 3
3. 马二进三   炮 8 平 6   **4.** 马八进九   象 7 进 5
5. 车一平二   马 8 进 7   **6.** 炮八平七   车 1 平 2

至此,双方由对兵局列阵演变成五七炮对反宫马左象的布局阵势。

7. 兵九进一   ……

红进边兵,实战中较为少见,一般多走车九平八,炮 2 进 4,兵七进一,卒 3 进 1,兵三进一,卒 7 进 1,车二进四,形成五七炮弃双兵对反宫马进炮封车的典型局面,双方对攻激烈,变化复杂。

7. ……   士 6 进 5   **8.** 车九进一   车 9 平 7
9. 车九平四   卒 7 进 1   **10.** 兵三进一   马 7 退 6

11. 马三进二   ……

如恋兵走兵三平二,则车 7 进 6 压马,黑可满意。

11. ……   车 7 进 4   **12.** 马二进一   车 7 进 2
13. 车四进三   炮 2 进 1   **14.** 马一退二   马 6 进 7

进马嫌缓,眼前当务之急应使右车左移投入战斗,可改走炮 2 进 3,红若①兵七进一,则车 2 进 4;②兵五进一,则炮 2 退 1,兵五进一(如马九进八,则车 2 进 5),炮 2 平 8,车二进四,卒 5 进 1,马九进八,车 2 进 3,顺利完成 2 路车左移计划,可以满意。

15. 炮七平八!(图 5 - 4 - 1)   车 2 平 1

如图 5 - 4 - 1 所示,红方平炮打车,好棋!黑车只能躲入原位,颓势立现。

如改走炮 2 平 4,红则马九进八,炮 4 平 2,马八进七,车 2 平 1,结果红方连进两步马,黑车仍被打入原位。

16. 炮八进一   卒 1 进 1   **17.** 炮八平九   车 1 平 2
18. 兵五进一   车 7 进 2   **19.** 炮九进二   卒 3 进 1

冲卒想完成如下进攻战术:兵七进一,炮 2 平 3 打相,极凶,红方当然不会上当,故此着应改走炮 2 进 1 巡河坚守较为稳妥。

20. 炮九平一!   ……

左炮右移,佳着!准备沉底展开攻势。

20. ……   车 7 退 4   **21.** 兵一进一   炮 2 平 3

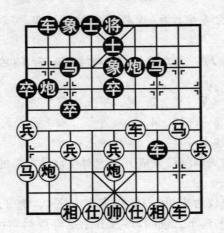

图 5 - 4 - 1

22. 炮一进四　　车2进4　　23. 炮五平二　　车7进2

24. 相三进五　　卒3平4

黑如改走车7平8,红则车二平三,车2平7,车三进五,象5进7,炮二平三,红方优势。

25. 马二进四!(图 5 - 4 - 2)

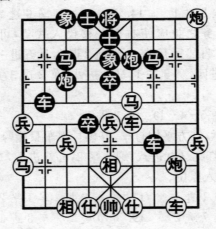

图 5 - 4 - 2

红马强行渡江,重炮催杀,佳着!至此红形成数子归边之势,如图 5 - 4 - 2,最后红方获胜。

本局例选自"启新高尔夫杯"全国象棋甲级联赛第 21 轮上海谢靖先胜河北张江的实战。

【小结】 由对兵局走成五七炮对反宫马左象的布局阵势,红如演绎五七炮弃双兵的局面,将是变化复杂、对攻激烈、双方优劣难成定论的格局。本局红不落俗套走兵九进一后,起左横车右移,集结兵力向黑左翼发难,黑应积极采取2路车及时增援左侧的战法,才是较好的对抗手段。

第三节　仙人指路对起马

第1局　红进左正马转中炮对屏风马外肋马封车

1. 兵七进一　马8进7

用进马应付仙人指路开局,是一种双方互探虚实、暗斗功底的走法,有较长远的历史。现代棋手通过进一步研究和实践,使之逐步充实和完善。

2. 马八进七　卒7进1　　**3.** 炮二平五　车9平8

4. 马二进三　马2进3　　**5.** 炮八进二　马7进8

双方由仙人指路对起马演变成中炮巡河炮对屏风马外肋马封车的阵势,是目前较为流行的布局。红方此手除左炮巡河外,还有车一平二,则炮2进4,兵五进一,炮8进4,形成双炮过河的典型阵势,另具攻守;黑方此手除进马封车外,还有象7进5的变化,另有不同攻守。

6. 马七进六　象7进5　　**7.** 车九进一　炮2退1

黑方退炮是别具一格的新招!旨在平7路胁马,并抢亮右车,战术灵活。黑方另有两变:①马8进7,则车一平二,马7进5,相三进五,车1进1,车二进六,车1平8,马三进四,红方较优;②卒1进1,炮五平七,车1进3,相七进五,车1平2,炮八进三,车2退1,车一进一,车8进1,双方呈均势。

8. 炮五平七　炮2平7　　**9.** 相三进五　车1平2

10. 车九平八　车2进3

黑车进卒林似笨实佳,防红炮八进二封车争先。

11. 车一进一　马8进7　　**12.** 车一平二　炮8进4(图5-5-1)

黑进炮封车暗伏炮8平5叫将的凶招,或得子或占优,布局至此,黑方已反先,获得十分满意的局面,如图5-5-1。

13. 车二平七　车2进1　　**14.** 炮七平六　炮8退3

黑应改走马7退8,红如车七平二,炮7进6,炮六平三,马8进7,马六退七,卒3进1,兵七进一,车2平3,炮八平七,卒7进1,仕四进五,炮8进1,车二平

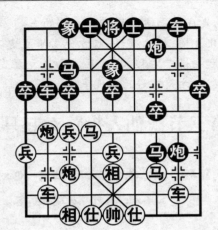

图 5-5-1

四,马 3 进 2,黑方占优;红又如马六进七,炮 7 进 6,炮六平三,马 8 进 9,炮三平二,炮 8 平 1,黑方先手多卒占优。

15. 车七平二　　卒 3 进 1

黑方急于兑卒活马,结果让红方舒展局势,反夺先机,仍可旧戏重演为:炮 8 进 3,红如炮八平九,车 2 平 5,仕六进五,卒 3 进 1,兵七进一,车 5 平 3,炮九平七,车 8 进 4,炮七进三,车 3 退 2,马六进五,车 3 进 1,马五退六,车 3 进 1,黑势不赖。

16. 兵七进一　　车 2 平 3

17. 车二平七　　车 3 进 4

18. 车八平七　　炮 7 进 1

19. 炮八退一　　炮 8 平 7

21. 炮八平三　　前炮进 3

22. 车七进五　　后炮平 6

22. 马六进四　　……

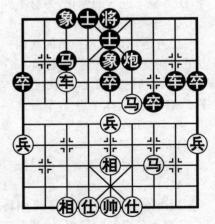

红方抓住对手的小小失误,利用兑子战术,反夺先手。但此时进马捉炮,不如改走马六进八,马 3 退 2,车七平五,红方优势。

22. ……　　　　炮 7 平 8

23. 兵五进一　　炮 8 退 3

24. 炮六进四　　士 6 进 5

25. 炮六平二　　车 8 进 3(图 5-5-2)

图 5-5-2

如图 5-5-2 形势,形成红方子力灵活且占位好、黑方兵种齐全且多卒的两分局面。最后黑方因时间紧张,忙中出错而落败。

本局例选自象棋大师赛汪洋先胜陈建昌的实战。

【小结】　本局第 7 回合黑方弈出的炮 2 退 1 新招,布局获得了成功,这也给红方开局的着法提出了质疑。值得一提的是,黑方第 15 回合卒 3 进 1 的随手棋在以后实战中应注意警戒,红方第 17 回合的兑子反先术可供借鉴和运用。

第六章　过　宫　炮

第1局　　过宫炮对起马

1. 炮二平六　……

过宫炮是一种古典式开局。过去人们认为，这一开局红方左翼大子出动缓慢且子力拥塞、中路易受攻击，因此一度被打入冷宫。但近年来经过棋手的探索和研究，过宫炮变化得以丰富，重新流行起来。

1. ……　　　　马 8 进 7

黑方以起左正马应对过宫炮，意在迅速开出左直车，续有过河炮和三步虎等手段，对红方右翼实施封锁与反击。

2. 马二进三　车 9 平 8　　**3.** 兵三进一　……

红方先进三兵是一种稳健的攻法。如改走车一平二，黑则炮 8 进 4 封车，兵三进一，炮 8 平 7，兵七进一，炮 2 平 5，相三进五，车 8 进 9，马三退二，车 1 进 1，兑车后，局势相应简化，黑方可以满意。

3. ……　　　　炮 8 平 9　　**4.** 马八进七　卒 3 进 1

5. 炮八进四　象 7 进 5　　**6.** 炮八平三　马 2 进 3

7. 车九平八　车 1 平 2　　**8.** 车八进六　士 6 进 5

补士是暗设陷阱的好手，引诱红车八平七压马，则黑炮 2 进 5 兑炮，可轻松获先手。

9. 相三进五　马 3 进 4

黑马盘河是争先的下法，如改走炮 2 平 1 兑车，则局面相对缓和。

10. 车八退二　卒 3 进 1　　**11.** 车八平七　车 8 进 4

12. 仕四进五　炮 2 进 6（图 6-1-1）

黑进炮通马路，抓住红阵左马的弱点，寻求攻势，由此可见本回合红方上仕的随手。红宜改走车一进一预先防范。如图 6-1-1，黑方已握先机。

13. 车七平六　……

❀ 148 ❀

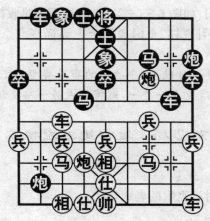

图 6-1-1

平车顶马助对手为乐,不如先马七退九避一手,黑如接走炮 2 平 4,则炮六进一,为马安置活路,局面虽仍难走,但不至加速恶化。

13.…… 马 4 进 2 **14. 马七退九** 马 2 进 3

似可考虑马 2 进 1 窥槽的进攻方案。

15. 炮六退一 卒 1 进 1 **16. 兵九进一** ……

挺边兵兑卒毫无意义,反而导致黑车抢占肋道迅速突破的后果。应改走车一平四,黑暂无好的破门手段。

16.…… 卒 1 进 1 **17. 车六平九** 车 8 平 4

18. 炮六进一 马 3 进 4(图 6-1-2)

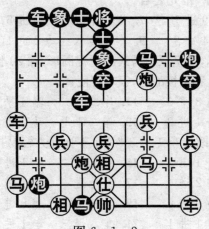

图 6-1-2

马踏底仕攻破城门,如图6-1-2。红方局面已难收拾,最终黑方获胜。

本局例选自"西乡引进杯"全国象棋个人锦标赛北京张强先负沈阳金波的实战。

【小结】 此布局是一种散手、斗功底的布局类型,红方七路马受攻后,形势被动。如在第12回合改走车一进一,则将形成另一路攻防变化,各有千秋。

第2局 过宫炮对左横车

1. 炮二平六　　车9进1

黑起左横车是对付过宫炮的老式攻法。

2. 马二进三　　象3进5

飞右象也是一种走法。老式攻法多走炮8平5,车一平二,车9平4,仕六进五,马8进7,车二进四,马2进3,马八进七,卒5进1,兵七进一,车4进5,炮八进四,车4平3,车九进二,马3进5(如卒7进1,则车二进二!红方得势),炮六平四,卒5进1,炮四进五!炮2平6,炮八平五,士4进5,车二平五,炮6进2!车九平八,红方稍优。

3. 马八进九　……

红马屯边起动左翼大子,旨在尽快亮出左车,是过宫炮方的重要布局构思。

3. ……　　　　卒1进1　　**4. 车一平二　　车9平4**

5. 仕四进五　　马8进9　　**6. 炮八进四　……**

进炮过河击卒亮车,抢先之着。

6. ……　　　　卒9进1　　**7. 炮八平五　　士4进5**

8. 车九平八　　车4进3　　**9. 车二进六　　马2进1(图6-2-1)**

如图6-2-1所示,黑呈双边马式的对称图形,在20世纪五六十年代的对局中时有出现。黑方的这种消极战法,很难占便宜。

10. 车八进六　　炮8平6　　**11. 车二退二　　车4平2**

12. 车八退一　　马1进2　　**13. 车二平七　　马2进1**

马踏边兵嫌急,应改走车1平3保卒,不让红方轻易打通3路线较为稳妥。

14. 车七进二　　马1退2　　**15. 炮五退二　　卒1进1**

16. 车七平八　　马2进4　　**17. 兵七进一　　卒1进1**

18. 马九退八　　马9进8　　**19. 兵三进一　　马8进7**

20. 相七进五　　卒1进1　　**21. 车八退三　　车1进3**

22. 炮六进一　　马7退5　　**23. 兵五进一　　车1平5**

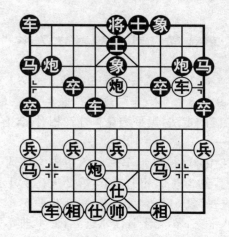

图 6 - 2 - 1

24. 马八进七　车 5 进 2　　**25.** 马七进六　车 5 平 4

26. 炮六平三(图 6 - 2 - 2)

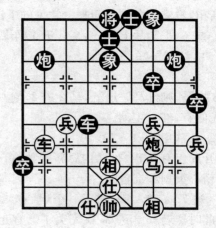

图 6 - 2 - 2

双方经过一番兑子,红方取得兵种配置和子力占位好的较佳局面。如图 6 - 2 - 2,红方易走,最后获胜。

本局例选自全国象棋甲级联赛厦门郑一泓先胜黑龙江陶汉明的实战。

【小结】 此布局至第 9 回合弈成红炮镇中、黑双边马的一种古典式布局模式,演变下去黑难占便宜。笔者认为黑方欲取对抗之势,封锁红方左车不使其顺利开出是布局的关键。

第3局　过宫炮对进7卒

1. 炮二平六　卒7进1　2. 马二进三　马8进7

3. 车一平二　车9平8　4. 车二进四　炮8平9

红方升车巡河,稳健的走法,黑平炮兑车针锋相对,含有一定的必然性。

5. 车二平四　……

避兑车保留复杂变化,以往多走车二平六争先。现选一实战局例:车二平六,马2进3,马八进七,象3进5,相七进五,炮2进2,兵七进一,马7进6,车六平四,卒3进1,兵七进一,象5进3,兵三进一,炮9平6,车四平八,炮2进3,炮六平八,卒7进1,车八平三,象3退5,仕六进五,士4进5,车九平六,局势平稳(选自2011年"飞通杯"全国象棋冠军邀请赛第1轮黑龙江陶汉明先和湖北柳大华的实战对局)。

5. ……　　　　车8进8

车下二路是一步新招,看来黑方有备而来。常见的下法是马2进3,马八进七,卒3进1,相七进五,象3进5,兵七进一,卒3进1,车四平七,马3进4,马七进六,马4进6,炮八平九,红方稍好。

6. 马八进七　马7进8

黑如改走车8平3捉马,则红马三退五,马2进3,炮六平三,车3平4,兵三进一,黑车孤军深入,无便宜,红方主动。

7. 兵七进一　炮2平7(图6-3-1)

黑炮穿宫顶左移,开局仅有几着,布局构思新颖独特,令人称道。这是对付过宫炮的布局利器,是精心策划和准备的。

8. 仕四进五　马8进7　9. 相七进五　……

飞相缺乏针对性,此时黑若马2进3,就完美了。宜走炮八进六压马,施展破坏阵形的手段,以下车1进2,车九平八,车1平6,车四进三,炮9平6,马七进六,红方主动。

9. ……　　　　象3进5

黑应走马2进3协调阵形。

10. 车九平八　……

仍应走炮八进六压马,红方易走。

10. ……　　　　马2进3　11. 炮八进二　……

进炮巡河作用不大,改马七进八封车较为积极。

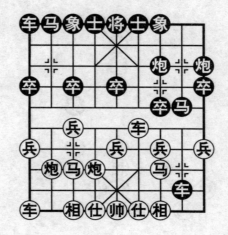

图 6-3-1

11. ……	车 1 平 2	12. 车四进二	士 4 进 5
13. 车四平三	炮 7 平 6	14. 车三平一	车 2 进 4
15. 车一平四	炮 9 平 7	16. 炮八退三	车 8 退 1
17. 车四平三	炮 7 平 8	18. 炮八平九	车 2 进 5
19. 马七退八	炮 8 进 2		

黑如炮 6 进 4,马八进七,炮 6 平 9,车三平一,炮 9 退 1,马七进六,黑方无便宜。

20. 马八进七	卒 3 进 1	21. 兵七进一	……

红接受兑兵,正如黑愿,这是本局红的主要败因。应走车三平二牵制黑 8 路车炮,以下卒 3 进 1,相五进七！车 8 退 1(如车 8 平 7,则相七退五打车,黑方无益),马七进六,双方大体均势。

21. ……	炮 8 平 3	22. 车三平四	马 3 进 4
23. 车四平五	马 4 进 3		

黑如马 4 进 6,则车五平四,马 6 进 7,车四退四,红方得回失子。

24. 马七退八　　马 3 进 2

25. 炮六平七　　炮 6 进 6(图 6-3-2)

如图 6-3-2 形势,红方难以抵御黑方车双炮马的联合攻势,结果黑胜。

本局例选自 2013 年 2 月 20 日晋江市第四届"张瑞图杯"象棋个人公开赛河南武俊强先负上海谢靖的实战。

【小结】　黑方以进 7 卒应对红右过宫炮是新布局,红黑双方都在探索中。本局黑布局不落俗套,构思独特,值得借鉴。综观本局红方第 11 回合升巡河炮

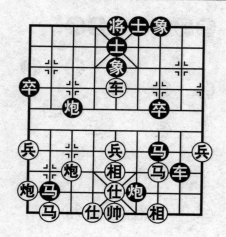

图 6 - 3 - 2

的软着及第 21 回合接受兑兵的劣着,皆为败因。红方如欲取得攻守平衡,则其着法仍需精雕细琢。

第七章 飞 相 局

第1局 飞相对左中炮

1. 相三进五 炮8平5

由过去对飞相局的认识只是消极防守到现代对飞相局的寓攻于守的战略思想的推崇,是一个了不起的飞跃;黑方以左中炮应对飞相也是较为流行的着法,旨在以动制静、以快打慢。

2. 马八进七 马8进7 **3.** 炮二平四 车9平8

4. 兵三进一 ……

双方布成先手反宫马对当头炮的阵势。红抢挺三路兵而不上右马,意在将对局纳入事先准备的布局轨道。如改走马二进三,黑则卒3进1,兵三进一,马2进3(因有炮5进4的反击,故不惧红炮四进五的串打,红方仕角炮的效用大打折扣,黑呈反先之势),马三进四,炮2进3!马四进三,炮5平4,车九进一,马3进4,车九平三,象3进5,仕四进五,士4进5,车一平四,炮2退2,兵三进一,炮2平3,黑方主动。

4. …… 卒5进1

黑冲中卒急攻中路。如改走车8进8,则仕四进五,红有炮八退一逐车的手段,黑无便宜。

5. 仕四进五 马7进5 **6.** 车九进一 卒5进1

黑方续冲中卒,嫌急。似不如改走炮5退1,红如车九平六,则炮2平5,较为含蓄多变。

7. 兵五进一 炮5进3 **8.** 车九平六 车8进7

9. 车六进五 马2进3 **10.** 炮四进一(图7-1-1)……

升炮既防被捉,又伏炮四平五攻击黑方中马,巧妙有力,好棋,如图7-1-1,红方先手扩大。

10. …… 士4进5 **11.** 炮四平五 炮5平6

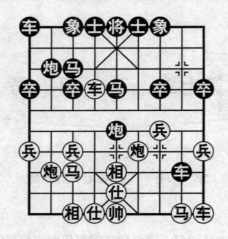

图 7-1-1

12. 兵七进一　　象 3 进 5　　　**13.** 马七进六　……

红跃马打车兼捉黑方中马,争先的好手,黑方形势更加尴尬。

13. ……　　　炮 2 进 1　　　**14.** 炮八平二　炮 2 平 4

15. 马六进四　炮 4 退 2　　　**16.** 马二进三　……

红凭先手兑车之机将双马运至好位,先手继续扩大。

16. ……　　　车 1 平 2　　　**17.** 车一平四　车 2 进 4

18. 马四进五　……

红马踏象,沾光就走,终将子力占位的空间优势转化成了物质优势。黑方上一回合进车河口,也是无奈之举,如改走炮 6 平 5,则炮二进七,红亦占优。

18. ……　　　炮 6 退 3

黑如改走象 7 进 5,则炮二进七,象 5 退 7,车四进四,红方亦大占优势。

19. 马五退七　将 5 平 4　　　**20.** 炮二进五　炮 6 进 2

21. 炮二退二　炮 6 退 2　　　**22.** 炮五进二　车 2 进 2

23. 马七退六　车 2 平 8　　　**24.** 马六进五　马 3 进 5

25. 车四进六　马 5 退 3　　　**26.** 车四平七　象 7 进 5

27. 兵三进一(图 7-1-2)

至第 20 回合红进炮打马、退炮打车,顿挫有致,接下来回马金枪,大破黑连环马,驱车逼退黑马,次序井然,丝丝入扣。现弃兵渡河,保持二路炮的牵制作用,战术紧凑,至此红方优势明显,如图 7-1-2。最终黑方不敌红方的猛烈攻击,停钟认负。

本局例选自"威凯房地产杯"全国象棋排名赛决赛第 2 轮黑龙江苗永鹏先胜

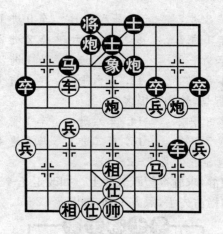

图 7－1－2

北京蒋川的实战。

【小结】 红方以先手反宫马的战法对付黑方左中炮,右翼车马按兵不动,伺机抢出左横车,布局新颖,构思独特,从实战看效果不错,布局成功,值得借鉴及运用。

第2局 飞相对进马

1. 相三进五 马2进3 **2.** 兵三进一 ……

曾一度流行的进七兵遭到黑方还架中炮的强烈对抗,简介如下:兵七进一,黑炮8平5! 马二进三,马8进7,车一平二,车9平8,炮二进四,炮2进7,车九平八,车1平2,炮八进四,卒7进1,黑势不赖,这是后手方以进右马战法对抗飞相局的新突破,在飞相方一时没能找到较好的扩先手段之际,先进三兵策略性的变着则应运而生,意在避开俗套。

2.…… 卒3进1

对挺3卒,自然而正常的战术性下法。也有炮2平1的走法,则红马八进七或进九,另有攻守。

3. 马二进三 马3进4

黑方抢上盘河马,是力争主动的创新走法。一般黑方多走马8进7或象7进5,局势相对平稳。

4. 炮二平一 炮8平5

黑方仍架中炮,老谱新用,继续贯彻力争主动的战法。

5. 车一平二　马8进7　**6.** 马八进七　车9进1

7. 车九进一　车1进1　**8.** 车九平六　炮2进2

9. 炮八进二　车9平8　**10.** 车二进四　马4进3

11. 车六进五　车8平4　**12.** 车六平八　卒3进1

可考虑车4进6捉马,较为积极多变。

13. 车八退一　卒3平2　**14.** 车八退一　车1平3

15. 马三进四　炮5平3　**16.** 车二进二　马3退4

17. 马四进六　炮3进7(图7-2-1)

炮轰底相,打破寂静,求胜欲望跃然枰上。如改走车4进3,则车八平七,象3进5,车二平三,红方稳占先手,黑方不利,如图7-2-1。

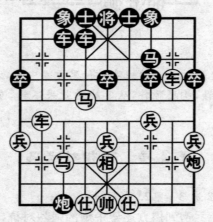

图7-2-1

18. 仕六进五　车4进3　**19.** 车二平三　车4退2

20. 兵三进一　……

冲兵过河,贪攻冒进。应走车八退四及时撵走沉底炮,消除隐患,以下炮3退1,炮一平三,红可稳占优势。

20. ……　炮3平1　**21.** 车八退二　……

退车准备平九赶走黑炮,离开河口防守要道,速败之源。不如改走炮一平三,黑如接走车3平4,则车八平六,前车进3,马七进六,车4进4,车三进一。红方多兵,仍占据主动。

21. ……　车3平4　**22.** 仕五进六　炮1平6

黑方弃炮轰仕,红始料未及,致使局面更趋紧张激烈。

23. 帅五平四　后车平6　**24.** 兵三平四　车6进3

25. 帅四平五　　车6进3　　　**26.** 炮一平三　……

改走相五退三,要比实战着法顽强。

26. ……　　　　车4进5(图7-2-2)

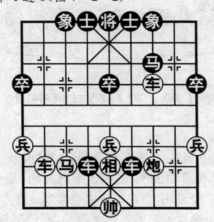

图7-2-2

黑进车吃仕再弃一子,积极进取的战斗风格表现得淋漓尽致,至此如图7-2-2,红方藩篱尽毁,不敌黑方双车的攻击,最后黑方获胜。

本局例选自上海"城大建材杯"全国象棋大师冠军赛第8轮北京张强先负浙江赵鑫鑫的实战。

【小结】 飞相局是一种互斗功底的开局。本局第3回合黑方抢进先锋马、后补左中炮的新招,布局一帆风顺。从实战看,红方若非第20、21回合连出软手,或许可占主动。双方是否有更好的着法,还待进一步研究和探讨。

第八章　起　马　局

第1局　进马局对挺卒（1）

1. 马八进七　卒3进1

红方首着走马八进七或马二进三，称为"起马局"或"进马局"。它既有"仙人指路"的试探性特点，又有启动大子、迅速出车的内涵，是一种刚柔并济的开局法，常为功力深厚的棋手所喜用，意在较量中残实力。进入21世纪以来，先手起马局使用率提高，变化迅速发展。黑方进卒制马，利己制彼，是后手方采用较多的应着。

2. 兵三进一　马2进3

红进三兵为右马开路，是目前较为流行的下法。也有走炮二平五、炮二平四或炮八平九的，将另成一套攻防变化。

3. 马二进三　车1进1

黑方起横车，是一种积极、灵活多变的现代战法，或平车占肋或弃7卒平车象位线抢先，攻守两利。

4. 车一进一　……

红起右横车出动主力与黑对抢先手，是目前实战中甚为流行的下法。如改走炮二平一平炮通车，详见下局。

4. ……　　　象7进5！

与其说飞左象为巩固阵地，不如说这是黑方精心准备的布局构思的第一步。

5. 车九进一　马8进6！　　6. 相七进五　车9平7！

7. 马三进四　炮2进3！（图8-1-1）

黑自飞左象后，又进拐角马，再出象位车，迫红马盘河。现黑伸骑河炮准备强渡3卒攻马，这一精巧别致的布局构思与设计，展现了胡荣华特级大师的超凡技艺，令人陶醉，真乃美好的艺术享受。

8. 车九平六　卒7进1

黑方兑卒通车，正着。如改走卒3进1，则兵七进一，炮2平6，车一平四，红

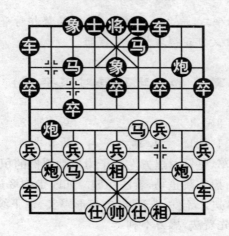

图 8-1-1

方先弃后取,捉死黑炮,黑无便宜,红方优势。

9. 炮二平三	炮8平7	10. 车六进三	炮2平6
11. 车六平四	车1平2	12. 马七退五	马6进8
13. 车一平二	卒7进1	14. 车七进一	……

进车放过黑方一卒,留下隐患,成为祸根。应改走车四平三,则马8进7,车三平四,以下必将兑去黑炮,红无大碍,局势平稳。

14. ……	卒7进1	15. 炮三进五	车7进2
16. 马五退七	马8进7	17. 车二平六	马7进8
18. 仕六进五	车7进2		
19. 车四平三	马8退7(图8-1-2)		

至此,如图8-1-2形势,黑方多卒且均已过河,车及双马道路通畅,占位极佳,已取得优势,最终取得胜利。

本局例选自太原全国象棋个人赛男子甲组第5轮沈阳尚威先负上海胡荣华的实战。

【小结】 本局黑方精巧别致的布局构思,取得了布局成功。从实战看,红方第6回合相七进五正应了黑方出象位车伏兑7卒通车的手段。红不如改走马三进二兑炮,

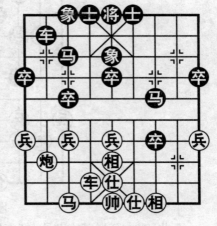

图 8-1-2

黑如炮8进5,则炮八平二,炮2进3,兵七进一,局势相对平稳,既可以阻止黑方布局的顺利形成,红方又可获得理想布局盘面。

第2局　进马局对挺卒(2)

1. 马八进七　卒3进1　　**2.** 兵三进一　马2进3

3. 马二进三　车1进1　　**4.** 炮二平一　马8进7

红方平炮准备亮车,是针对黑方左翼子力出动缓慢的积极有效战法,较上局的车九进一别具特色;黑方跳正马,着法稳健。如改走炮8进4,则车一平二,炮8平3,相七进五,马8进7,仕六进五,红方棋形厚实,以下续有车二进六的进攻手段或车九平六的扩先着法,黑方不利。

5. 车一平二　车9平8　　**6.** 车二进六　炮8平9

7. 车二进三　……

红方兑车,稳持先手。如改走车二平三吃卒,黑则炮9退1,炮八平九,马3退5(如车1平6,车三退一,象3进1,车九平八,炮9平7,车八进七,炮7进3,兵三进一,红车换双后,有兵渡河,得先占优),车三退一,象3进5,车三平六,马5退3,黑方阵形和子力占位俱佳,足可与红方抗衡。

7. ……　　马7退8　　**8.** 车九进一　车1平4

9. 车九平四　马8进7　　**10.** 相七进五　象7进5(图8-2-1)

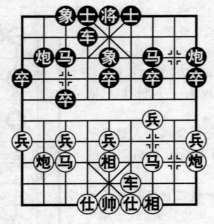

图8-2-1

至此,双方阵形基本对称,红方仍持先手,如图8-2-1形势,红方如何发挥先手效力,寻找切入点,将面临抉择。

11. 炮八退二 ······

红方退炮，准备平七兑兵活马，似嫌迂回缓慢。不如改走车四进三，黑如车4进5，则车四平八，炮2进5，马三进四，车4平3，车八退二，卒3进1，炮一退一，炮9进4（如车3平1，车八进五，车1平3，车八平七，车3进1，马四进三，红方先手占优），炮一平七，车3平2，车八进一，炮9平2，炮七进三，红方子力活跃，略优。

11. ······　　　车4进3　　**12.** 炮八平七　车4平8

平车细腻，如卒7进1，则车四进三，双方呈均势。

13. 车四平八　炮2平1　　**14.** 车八进三　卒7进1

15. 兵七进一 ······

兑兵活马太急，多生枝节。不如兵三进一，车8平7，马三进四，虽落后手，但干净利索，尚无大碍。

15. ······　　　卒7进1　　**16.** 相五进三　车8进3！

红方相飞卒乃劣着，布置线上留下弱点，不如兵七进一对着干，足可周旋；黑方针对红方弱点，进车捉马，乃反先得势之佳着。

17. 马七退五　卒3进1　　**18.** 车八平七　马3进4

19. 车七平六　马4退6　　**20.** 相三退五　马6进8

21. 马三进四　马7进6　　**22.** 车六平七　马8进7

23. 炮七进二　车8退2　　**24.** 炮一平四　炮9进4

25. 炮四进三　炮9平5（图8-2-2）

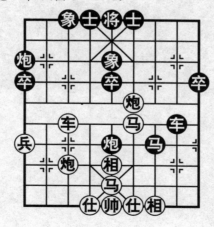

图8-2-2

如图8-2-2形势,黑方弃马强镇中炮,红方双马受牵,大子受制,已露败象,最终被黑方造成绝杀。

本局例选自太原全国象棋个人赛男子甲组第8轮浙江陈寒峰先负重庆洪智的实战。

【小结】 本局第4回合红平炮通车,针对性较强,战法可取,至第10回合双方阵形基本对称,红方仍持先手。从实战看,红方若不出错,可保稳中略先局面,红方出于战略需要实施的是可行的布局之策。